心動かす交渉術

Headhunter's negotiation technique

小松俊明
Toshiaki Komatsu

Nanaブックス

装丁／本文デザイン――南 貴之（デジカル）
DTP――デジカル・デザイン室
図表・イラスト――高山 芙由子（デジカル）
編集協力――メイク・デイズ・ファクトリー
校正――磯崎博文

まえがき
――心を動かすメッセージとは――

人が誰かの話に影響を受けるとすれば、そこには「心を動かすメッセージ」が必ず込められているものです。

たとえば、次のような話があります。

あるレストランの繁忙な時間帯に食事をしていたお客がいるとしましょう。この人は食事も終わり、一杯の水を飲んで、店を出たいと思っています。

五分前に店員さんに水を頼んだものの、出てくる気配がまったくありません。頼まれた店員さんは、別のテーブルに山積みになった食器を片づけることで必死になっています。

お客はあきらめて店を出ようと思いましたが、もう一度だけ同じ店員さんに水を頼んでみました。ただ今回は、少し頼み方を変えてみたのです。

「薬を飲みたいのですが、水を一杯いただけますか」

ものの三十秒もしないうちに、水が出てきたといいます。それも店員さんは次のような言葉を添えてくれました。

「お待たせしました。少しぬるめの水をご用意させていただきました」

今回はただ水を頼むのではなく、「薬を飲みたい」と伝えてみたことで、忙しくしていたはずの店員さんに対して、メッセージの伝わり方が大きく変わりました。

つまり、真意が伝わったことで、店員さんもただ流れ作業で水をいれるという行動パターンから、どうしたら薬を飲む人に最良のサービスを提供するかという頭に切り替わったのです。

私たちの日々の生活や仕事の中には、じつはこのような場面がたくさんあります。人に理解されたいこと、協力してほしいことなど、何とか「この相手を動かしたいと思う瞬間」に、正にあふれているのです。

現実には、なかなか他人は「その気」になってくれるものではなく、誰しも人間関係に悩み、ストレスをためています。

ではどうしたら人は動いてくれるのでしょうか。

結論は次の三点にあります。

1「あなたと一緒に仕事をしたい」と思ってもらえること
2「あなたの考え方に共感する」と言ってもらえること
3「あなたのようになりたい」と言ってもらえること

結局人が**その気になってくれるか**どうか、それは**あなたしだい**なのです。同じことでも、ほかの人が言ったのでは誰も動かなかったとしても、「あなたが言うなら聞いてみたい」と何とか言われたいものです。

本書では、職業柄転職を支援するヘッドハンター、もしくは人材コンサルタントとして、私が日頃どのようなコミュニケーションをとり、相手に納得して転職を決断してもらっているかについて、その事例、アプローチ、さらには考え方までを紹介していきます。

ぜひ、みなさんの普段のお仕事に応用し、また私生活でも活用していただければ嬉しく思います。

リクルーターズ株式会社
小松　俊明

心動かす交渉術

Chapter 01
あらゆるビジネスは人の心を動かすことで成り立つもの

Chapter 02 相手の心が動くメカニズムを考察する

Chapter 03
相手を「その気」にさせるプレゼンテーション術

Chapter 04 相手の心を動かす思考のフレームワーク

Chapter 05

あの人と仕事したい！と思わせるコミュニケーション術

Chapter 06

一つ上をいく相手の心を動かす方法

Chapter 01

あらゆるビジネスは人の心を動かすことで成り立つもの

Chapter 01

人の心を動かすことこそヘッドハンター業の要

ヘッドハンター、もしくは人材コンサルタントという仕事は、人の心を動かせなければ成り立たない職業です。

たとえばある企業から、現在抱えている採用などの経営課題に取り組むプロジェクトを依頼されたとします。我々はあらゆる手を尽くして問題の解決策を見つけ出すわけですが、最終的には肝心の解決策の実行にクライアントが踏み切らなければ問題は解決されません。

どんな優れたプランでも、実行しなければ単なる「絵に描いた餅」になってしまうのです。現実には、このようなケースはよく起こります。

たとえば業務改善のために組織改革を行うとしましょう。縦割り組織で働いてきた各部署からは、自分の部署の権限や予算を守ろうとする抵抗が予想され、各部署の統廃合も想定されるため、管理職も危機感を感じ、現場ではかなりシビアな議論が続きます。

このような場合、実行の段階になって、社内の同意を取りつけることができなかったために、計画が頓挫してしまうことがよくあります。「社内の同意さえ得られれば成功できたはず」といったケースを耳にするたびに、私はとても残念に思います。

問題の当事者である企業に解決策を実行してもらえない場合、我々の仕事は暗礁に乗り上げてしまいます。それがゆえに職業柄、我々には、**人を「その気」にさせる技術が必要となる**のです。

ある改善プランをつくることは優秀だけれども、そのプランを実行することや、クライアントに大きな業務改善をもたらすことができないとすれば、コンサルタントとしては十分な仕事ができたとは言えません。

プランを実行することが難しいという点が主な失敗の原因ですが、目の前にある問題を「解決が困難である」とクライアントに位置づけてしまったことが、結局は失敗となっている場合が多いのです。

つまり、ハードルを高く設定した時点で、すでにそのコンサルタントはクライアントの「その気」をくじいてしまっているからです。

人を「その気」にさせるには、これから取り組むことがどんなに難しいことであっても、

相手に「なんだ、じつはそんな簡単なことだったのか！」という気になってもらえるようなアプローチが必要になります。

たとえば、目の前に五〇メートルを超える長い階段がある状況を想像してみてください。その前に立ったら、おそらく多くの人は上りたいという気にはならないでしょう。

しかし有能なコンサルタントであれば、動かしたいと思う相手の立つ位置を変えて、これから立ち向かう挑戦は長い階段ではないように見せる工夫をするでしょう。

たとえば、階段の途中で比較的低い場所に踊り場を設け、「あそこまでなら簡単ですから、ちょっと上がってみましょうか？」というように、コミュニケーションやプレゼンテーションに工夫をしながら、まずは一定の高さまで相手に階段を上らせてしまうのです。

このように、**相手に「決して難しいことじゃないんだ」という意識を持たせ、まずはアクションを促す**というアプローチは、ヘッドハンターや人材コンサルタントにとって、とても有効なテクニックです。

実際に、困難を感じるがゆえに行動を起こさない人の場合と比べ、すでに何らかのアクションをして一歩前に進んだ人は、その次のアクションへの心の持ちようも大きく変わります。

コンサルタントに対する「信頼」も生まれ、さらに積極的に目の前の課題に取り組んでくれるようになるのです。

実際には個人一人ひとりのモチベーションのあり方は異なりますから、相手を「その気」にさせようとすれば、各人の性格に合わせてさまざまなアプローチを考えなくてはなりません。

例としてお話しした「階段を上る」場合、「なんだ、それほど難しくないですね！」と納得すれば、たいていの人は「その気」になって、自ら次の階段を上り始めてくれるもの。

さらには、「こんな大変な階段を上りきったらすごいことですよね」という一言に刺激を受けて、「よしやってやろう！」と気力を爆発させる人も中にはいるものです。

つまり、「達成感」や「成長できる」ということに強い意欲を持つタイプの人も、一定のグループの中には少なからずいるものです。私たちの仕事では、こうした性格の人物をグループの中から早々に見極め、そうした人物たちの性格からくる「頑張り」を活用していくこともあります。

また「階段を上れば評価されますよ」もしくは「階段を上れば、みんなの注目を集めることができますよ」という言葉に反応するタイプの人もいれば、「あなたが階段を上ることによって、他の人もそれを目指そうという気になるのではないですか?」というように、「人の役に立つ」ことに使命感を持ち、モチベーションを上げるタイプの人も組織の中にはいるものです。

我々のようなヘッドハンター、もしくは人材コンサルタントと呼ばれる職業は、**「相手が何によってモチベーションを上げるか」について、それを正確に見抜き、それぞれの人に適切な目標と役割を提供することが大切な仕事**になります。

それが上手にできれば、人は「その気」になり、大きな成果を生むことができるのです。

本書では、多くのヘッドハンターや人材コンサルタントが身につけている、相手に「その気」になってもらう、つまり相手の心を動かすための実践的なテクニックの数々を紹介していきます。

たとえば、初めての転職を不安に思う人にアドバイスをする際は「転職は悪い行為ではないのですよ」と言ったほうが安心感を与える場合もあれば、「転職は自分を成長させるいいチャンスだと思いますよ」というように、成長意欲を刺激するアプローチをとることもあります。

あるいは「スキルアップのための経験にもなるし、給料も上がります」とメリットを強調する形で働きかける場合もあります。

このように相手の関心のポイントによって異なるアプローチをすれば、最終的には「この会社でやってみよう」「思い切って転職するか」など、様々なタイプの人々を「その気」にさせることができるのです。

逆に相手の心に響かないことを指摘し続けた場合、逆効果になるだけなので、注意が必要です。

たとえば損得勘定を前面に出して重要な判断をしたくないという人も割と多いものです。仮に本音は損得勘定も重要だったとしても、「人の役に立てる」「新しい挑戦である」「経験を生かせる」など、本人が好む理由づけを見つけてあげる必要があります。これもヘッドハンターの重要な仕事の一つです。

ヘッドハンターにとって、まず必要とされるのは人を「その気」にさせるスキルです。そして、それはあらゆるビジネスマンにとっても必要なものだと私は思っています。

たとえば経理部で働く人には、経営者や営業部との間で多くのデータのやり取りが求められます。そのために社内では、毎日さまざまなコミュニケーションがとられているはずです。そこでは常に重要な決断をしなければならない瞬間があります。

ただ言われるままにデータをパソコンに入力してレポートをつくっているだけでは、現代では経理の仕事は務らなくなってきています。

つまり、経理の仕事の現場にも人を「その気」にさせるスキルが必要なご時世なのです。

具体的には、まず経営者や社員の**ニーズを正確に把握するために、仕事の目的やゴールを正しくヒアリングすることが重要なアクションとなるでしょう**。その上で、目標達成のためのプロセスを決めます。そこで決めたことにかかわるすべての人たちが納得できれば、いい意味での協働ワークに経理の人間も取り組むことができるのです。

これは言うのは簡単なのですが、実際は結構面倒なことです。

通常は、自分が慣れ親しんだやり方で勝手に仕事を進めてしまうのが人間だからです。

そして、トラブルが起こってから、相手と初めてコミュニケーションを交わすことが多いのが現実であるからです。

次に上司と部下の関係を考えてみましょう。上司は部下に、部下は上司に対して、あらゆるシチュエーションで相互に相手のよきモチベーターにならなくてはいけません。ものの見方や感じ方の違いが大きければ大きいほど、そのギャップを埋めるための作業は困難ですから、先ほどの経理の仕事よりもコミュニケーションの重要度は高いものになります。

「大不況」と叫ばれ続ける昨今のご時世では、私はすべてのビジネスマンが、それぞれの仕事において、人を「その気」にさせるスキルを発揮することを求められていると思っています。基本的なこれらのスキルを習得したならば、もう一つ上のスキルである「人の心を動かすスキル」にトライできることでしょう。

Chapter 01 世の中は常に「その気」にさせてくれる人を求めている！

いま世の中の至るところで、人を「その気」にさせられる人が求められています。

現代のビジネスシーンでは、顧客のニーズが多様化しています。また変化のスピードも速く、一つの会社や一つの部署の中だけで蓄積されたノウハウや経験値からだけでは、従来の常識を根底からひっくり返すような斬新なアイデアが生まれてくる余地は、もはや少ないでしょう。

ここでは「モノを売る」ということを例にとって、このことを考えてみましょう。モノの流通は、販売チャンネル一つとっても、複雑に多様化しています。

一昔前なら「問屋さんに卸して小売店に売ってもらって……」ということを考えるだけ

でよかったのが、いまではデパートや郊外のショッピングモールだけでなく、テレビショッピング、ネット販売、携帯サイトもあります。

中古品、新古品、アウトレットなどの市場もあれば、オークションもあり、さらに価格はネット上の価格比較サイトで簡単に検証することもできます。古くからデパートへの卸しに強みを持っていたアパレル企業があったとしても、「ネットやケータイでどうすれば商品が売れるか」という新しい販売チャネルに関しては、何のノウハウもない集団になってしまうご時世なのです。

現代は当事者だけでは策に詰まる状況があらゆるビジネスシーンで見受けられ、**いいアイデアの提供とともにその実行を促してくれる外部のパートナー、つまり「その気」にさせてくれる人材が求められている時代**なのです。

個人にとっても購買の判断が難しい世の中になりました。たとえば買い物一つをとってみても「どこに行けば、自分が欲しい商品が見つかるのか」を判断することは難しくなっています。これも選択肢が多すぎる時代の皮肉な結果です。

そんな中で「あそこの肉屋さんの鶏肉は美味しいよ」、「いまは駅前のセールが一番おトクだよ」などの確実な情報を持っている人がいれば、多くの人の購買欲が刺激されることでしょう。

いわば「肉選びの目利き」であり、「安売りの目利き」でもあるわけです。**情報に価値が見いだされる時代ですから、情報の希少性と確実性しだいでは「目利き」は商売になるのです。**

たとえば、夜景に詳しければ、「夜景評論家」という肩書きすら名乗ることができる時代でもあります。

さまざまな街の「夜景が美しく見える場所」に関する情報を豊富に持ち、それにさまざまな面白い分析を加えることができれば、人の関心は集まることでしょう。「いつもとは違う、ちょっと気の利いた場所で夜景を見たい」という人に対しては、十分なコンサルティングができる時代でもあるのです。

結局、どんなテーマやジャンルであっても「相手をその気にさせる何か」が現代では重要であり、そうした魅力あるアイテムを持っているかどうかが問われる時代なのです。

では振り返って、現代のさまざまな職場でそうしたアイテムや情報は見つかるでしょうか。

かつては会社の歯車になりきることで、ある程度仕事が務まった時代もありました。しかし、ＩＴ化も進み、多くの業務の「見える化」が徹底された業務効率の高い職場では、歯車のような人物はよりコストの安い人材に「代替可能」とされ、すぐにリストラの対象になる時代になりました。実直に同じ仕事を繰り返しやっていればいいというわけには、残念ながらいかなくなってしまったのです。つまり、**ビジネスマンはその分野がニッチであってもいいので、何か有益な分野において「精通している何か」を持つことが必要**なのです。

ニッチでも、有益な分野において他の誰よりも精通していることが必要と申しましたが、そのためにはどうすればいいのでしょうか。答えは**自分の目の前にある仕事に全力で打ち込むこと**です。これは有益な情報を得られるようになるだけでなく、周囲の「信用」を得るための近道にもなるからです。

その結果、ある特定分野の「コンサルタント」として評価されることが可能になります。そうすれば、仕事が仕事を呼ぶようになり、さらに有益な情報があなたの元に入ってくるようになるでしょう。

ですから、どんな仕事をしていても「コンサルティングマインド」を意識して働くことは、あらゆる職場の現場において、今後ますます重要になっていくことでしょう。

Chapter 01

人を動かすためには、専門性をどうアピールする？

さて前述した通り、コンサルティングスキルを効果的に発揮するには、何か特定の分野において得意なもの、つまり専門性が重要になります。

つまり、相手を「その気」にさせたり、相手の心を動かすには、**あなたが相手の期待に対して、プロフェッショナルな意見を持っていることが必須条件になる**のです。

たとえばある内科医に病気の症状を見てもらったときに「耳鼻科に診てもらったほうがいいと思うので、専門医を紹介しましょう」と言われたとしたら、あなたはどのような印象を持つでしょうか。さらなる専門医に診てもらえるのであれば、具合が悪くて不安を抱える患者にとって、一つの安心材料になることでしょう。

ところで、先に述べた「夜景評論家」のケースの場合、専門性を相手に認識させて商売につなげるには、少し工夫が必要です。

単に「私は夜景を評論します」というスタンスだけでは、専門性をアピールするには弱いからです。ではこのような場合はどうしたらいいでしょうか。

ヒントになるのは、「夜景」という情報が何に役立つかについて、考えてみることです。たとえば夜景と言えば、いいデートスポットになるかもしれません。その場合、夜景の専門家というアピールよりも、いいデートスポットに関する情報を提供できる人物であることをアピールしたほうが、多くの人の関心を引くことでしょう。

重要なことは、**自分の持っている情報を、いかに加工して相手の求めている情報と一致させるか**ということなのです。

①自分の持っているもの……スキル、専門性、情報、やる気、経験など
②相手が求めているもの……必要なもの、楽しいもの、感動、意外性、希少性、価値のあるもの、癒されるものなど

①の領域にあるものは、自分の努力しだいで多くのバリエーションを増やすこともできます。しかし、どんなに①が豊富であっても、②と合致させるためには、アピール手段を工夫、つまり**情報の加工力**が必要になります。

あなたが世界で唯一、ピンク色のナメクジを飼育しているとしましょう。それだけをとらえれば確かにユニークですが、周囲の知人たちに自慢したところで、気味悪く思われる

自分の持っているものを加工して、相手のニーズに合わせる（加工力）

だけでしょう。

突飛な例に聞こえるかも知れませんが、それをナメクジ学会に発表し、変な生き物の愛好家にアピールすれば、大きく評価される可能性はより高くなるはずです。多少無理はありますが、かわいらしいマスコットキャラに加工してピンクのナメクジを違う角度からアピールすれば、②の領域に当てはまる可能性もあるのです。

このように**「自分の持っているもの」を「相手が求めているもの」に合わせて加工することが、人を動かすための第一歩となる**のです。

Chapter 01

相手の望むとおりのことをすれば必ず「心が動く」わけではない

そこでここからは、いざ相手を目の前にしたときに、どう相手の心を動かすかという話をしましょう。まずは「相手が何を求めているか」を知ることが基本です。

たとえば、好きな異性を「その気」にさせたいなら、相手がどのような人を好むタイプであるか、探ることが必要でしょう。

相手が「清潔感のある人が好み」だと感じたら、とにかくキレイ好きになるというように、相手に合わせることが第一歩です。難しいのは事前にどうやって相手の好みを知るのかということですが、情報収集の基本は、まずは単刀直入に相手に聞いてみることです。しかし現実には多くの場合において、相手に直接聞いたところで正しい答えが返ってくることはほとんどありません。

そして仮に答えが返ってきたとしても、それは正しくない情報であることも多いものです。つまり、相手が望むとおりのことをすれば、それで相手の心が動くわけではないということでもあります。

では、こんなときはどうすればいいのか。

私は「類推」することをおすすめします。

たとえば言葉以上に、行動パターンや生活パターンを観察すれば、相手のニーズを推測できることも可能なのです。しかし、それだけでは足りません。

相手を本当に「その気」にさせるには、**「自分の持っている特性をどうやって有効に使うか」という戦略的な要素も必要**になります。

たとえばある女性が、「キャラクターが好きである」という事実を突き止めたとしましょう。であれば「ディズニーランドにでも誘おう」と考えるのがマニュアル的な解答でしょうが、これは自分の持ち味を上手に生かした策とは残念ですが言えません。

なぜなら「キャラクター好き」の相手であれば、ディズニーランドについては当然、自分よりも詳しく知っている可能性が高い。付け焼き刃で人気スポットの知識を頭に詰め込んだところで、相手に喜んでもらえるようなサプライズを仕掛けることは難しいからです。

では、「その気」にさせるのが上手な人は、ここでどのように**類推力**を働かせるのでしょうか。


中日ドラゴンズのファンであるという知人の話を紹介しましょう。その人物は、ドラゴンズの話題となれば、いくらでも話すことができます。一方でディズニーランドの知識など、まったく頭に入っていません。

しかし相手が野球にまったく興味がなかったにもかかわらず、彼はドラゴンズの試合に女性を誘い出したのです。

ポイントは「ドアラを見に行かない？」という誘いでした。ドアラと言えば、ドラゴンズのマスコットキャラ。相手も「そういえば聞いたことがある」と関心を持ったといいます。

そして前もってYoutubeなどの動画を送り、面白い「ドアラの踊り方」について、一緒に会話を深めました。これは相手の関心を野球の試合ではなく、あくまでキャラクターの話一本に絞っただけですが、関心を持った相手は、生のドアラを見に行きたいという思いが高まり、後に野球場を一緒に訪れることになります。

普通に野球を見に誘ったのでは、うまくいかなかったかもしれません。キャラクターのドアラは最初は単なるきっかけでしたが、自分の得意分野である野球についての解説も加わったことで、相手の女性は「初めて球場で野球を見たけど、迫力あるのね」と驚いてくれたといいます。

これこそが「相手の心が動いた」瞬間です。

自分の興味を優先すれば、試合のゆくえを最後まで追いたいところですが、そこは我慢。ドアラを十分に見て、球場の雰囲気を満喫したら、早めに球場を後にしたといいます。最後は彼女が好きなイタリアンレストランに行って、ドアラの楽しい踊りや野球の話をしたそうです。

こういったプランを考えて実行すれば、相手の心も動くとは思いませんか。

Chapter 01

相手にネガティブ思考のあるうちは無理に動かしてはいけない

次は現実に、私が採用の現場で実践している例を紹介しましょう。

たとえば転職希望者に、「どうして転職したいのか」をインタビューしているときの例です。

「いまの会社では先が見えている」など、職場の問題、とくに上司への不満を力説する人が必ずいます。その場合、私はよく「あなたは転職しないほうがいいのではないですか」とあえて説得することがあります。

これは明らかに、相手が望んでいる答えではありません。もちろんここにはそんな指摘をすることの明確な目的が隠れています。

ここで、転職を希望する人に多い三つの転職希望理由をご紹介しましょう。

一つは上司、部下、同僚といった職場のメンバーとの「人間関係」の問題。

二つ目は「仕事の中身」そのもの。やりたくない、発展性がない、勉強にならない、成長できない、希望する部署ではない、仕事のレベルが低いなど。

三つ目は「評価」の問題です。上司からの評価、給料や肩書きなどもここに該当します。

これら三つのうち、どれか一つに不満を抱えている人はたくさんいます。

というよりも、これら三つのテーマにおいて、すべて満足のいく環境を提供できる会社は、ほとんど存在しません。会社側の問題だけでなく、社員側が求める理想が高すぎることで生じる不満もあることを考慮すると、なおさらすべての条件を満たすことは難しくなるのです。

原則として、転職希望者から先に挙げた三つのうち、一つのテーマに対する不満しか出てこない場合には、私は転職をすすめません。次の会社に入ったとしても、同じテーマや別のテーマの不満が噴き出す事例は尽きないからです。

たとえば、「上司とウマが合わない」という「人間関係」が理由で転職する人がいます。確かに運が悪いこともあり、「上司との折り合いが悪い」おかげで、日々の会社生活が灰色であるという人もいないわけではないでしょう。

しかし、転職する毎回の理由が、上司と折り合いが悪いという人もかなり多くいます。放任主義の上司に不満を持って転職したものの、新しい職場の上司は何でも細かく報告を求めるタイプであったため、今度は「前のほうが、もっと自分の裁量で大きな仕事ができていた」と思ったりします。環境に合わせて自分の仕事のやり方を変えられないこのタイプの場合、自分が変わらない限り、転職を繰り返しても新しい職場に満足することはありません。

このような思考パターンを持つ人は、じつは世の中にたくさんいます。気をつけていないと、これは誰でも陥るパターンとも言えるでしょう。

つまり、**ネガティブな状況から逃れるための転職は、失敗に終わることが非常に多い**のです。

それゆえ私は「上司が悪い」、「この会社ではやりたいことが実現できない」といった転職希望理由が毎回繰り返される人には、私はまず始めに「転職しないほうがいいのではないか」とアドバイスすることにしています。ただ、それで本当に転職を断念してもらうわけではありません。

一度ネガティブ思考にストップをかけてもらった上で、そこから**「なぜ自分は転職すべきなのか」をもう一度整理してもらう**ためです。転職に対して本当に心を動かしてもらうのは、それからなのです。

Chapter 01

相手の頭の中が整理されると動くための準備は整ったも同じ

転職をする人を題材に、もう少し話を進めてみましょう。

転職したい人の多くは、特定の誰か（複数の場合も多い）との感情のもつれを理由にしていることが多いように思います。とくにそれは、相手の自分に対する評価への不満が発端になっていることが多いようです。

このような場合、**まずは相手の話をしっかりと聞くことが大切**です。

そしてその人の頭の中にある在職中の会社に対する思いをすべて出し切ってもらったら、それらを「人間関係」「仕事の中身」「他者からの評価」という三つの箱に一つひとつ分類していきます。

転職というフィールドの場合、このプロセスを通して初めて、クライアントは転職に対する論理的な思考ができるようになります。

このワークの結果として、三つのテーマのうち二つが不満で満たされていると判明すれば、相談者は実際の転職に向けて動きだします。つまり、「その気」になる瞬間が訪れたと認識しだしたのです。

たとえば三つとも不満である場合は、もはやいまの会社にいること自体が間違いだと言えるでしょう。

いずれにしろ、相手がこのように頭の中を整理できれば、その後の提案に対する受けとめ方においても、変化が見られます。

たとえば「上司に不満」があり、「仕事の中身」においても、もっとほかにやりたいことがあるが、給料面、つまり「評価」に関してはいまの会社にあまり不満を持っているわけではないといった状況の人がいるとします。

この場合は、たとえば「じつは○○という会社があります。ここは社員が自主提案で仕事をどんどん進めるカルチャーがあり、社長さんを始め、私のお会いした管理職の方々も、自由な会社であるとおっしゃっていました。新しいアイデアを出せば好きなように仕事をすることが可能だと思われます。ただし、給与体系は成果報酬制が導入されていて、入社して結果を出すまでは収入も一時的には下がるかもしれません。努力次第ですが、やりがいはあるのではないでしょうか」などと持ちかけてみます。

本人は先のワークを通して、いまの会社における不満を自分の中で明確にした上で新しい提案を受け止めています。このため、自分の仕事環境の何が具体的に変わるのかについて判断できます。

人が「その気」になるのは、こんなときなのです。

自分の内側から突き上げる「やる気」によって、前向きな気持ちで転職に踏み出すことができれば、転職の失敗も減ります。このように、徹底的に相手の話を聞くこと、すなわち**聞く力**によって、相手のモチベーションの高い状態をつくり出すことは、ヘッドハンターにとって、とても大切なことなのです。

Chapter 01 相手の本心を見抜くのは何のため

ここでお話ししておきたいのですが、相手の心を動かす交渉とは、「どうしてもやらなければならない」という強迫観念を植えつけるテクニックではありません。

本人が自分自身の思考を冷静に整理した結果、自分のとるべき道が見えるよう、その**お手伝いをするためのコミュニケーション術のこと**なのです。

前述の転職の事例で言えば、「転職したい」という動機を整理した結果、転職を取りやめるケースも現実にはあります。実際私はそれでいいと思うのです。

会社に何らかの不満があって、「本当は転職したくないけれど、もう限界かな」というように悩んでいる方とお会いする場合がよくありますが、先に述べたワークによって問題を整理してみると、「いまの会社で、もう少し頑張ってみるべきではないか」という結論に至るというケースも多くあります。


たとえば、これはある転職希望者の例ですが、「同期より出世が遅い」ことを悩んでいました。ただ、私とのやり取りの結果、「自分は上司に評価されている」ことに気づき、転職を見送ることを決めた方がいます。

相談者に転職をすすめないこともあるようでは、ヘッドハンターや人材コンサルタントとして商売にならないのではないかと心配してくださる方もいるかもしれません。

しかし、現実はそうではありません。一人ひとりの相談者に真摯に向き合い、常に相手にとって本当にふさわしい方向を提案する努力を続ければ、「あの人は親身になって相談に乗ってくれる」、「相談してよかった」という**「信頼」という評価が広まるようになります**。結果的にそうした相談者はその後も何度も相談に来てくださることになり、いずれ必ず転職をまかせてくれるものです。

逆に話を十分に聞いてあげることもなく、さっさと転職先を紹介して、それが失敗につながったとしたら、「ロクな会社を紹介してくれなかった」というように、半ば逆恨みされてしまうこともあります。

つまり、心を動かす交渉術とは、相手を上手にだますテクニックではありません。

それとは逆に、相手の本心にある**「本当はこうしたい」という思い（真意）をうまく見抜いて、それを実現するためのモチベーションを高めてあげる技術**なのです。

いわば本人の「やる気」に火をつけるお手伝いをするわけで、いたずらに相手を煽り、プレッシャーをかけるようなテクニックではないのです。

Chapter 01

相手の目標達成をサポートする上で大事なこと

さて「心を動かす交渉術」は、職場においてどのように使われるべきでしょうか。

1　上司が部下を「その気」にさせて、バリバリ仕事をさせる

2　部下が上司を「その気」にさせて、自分のアイデアを実現させる
3　営業マンがお客さんを「その気」にさせて、商品を購入してもらう

これらは代表的なケースだと思います。上司、部下、そして営業マンという異なる立場の三者が、それぞれ相手を「その気」にさせようと働きかけて、自分の目的を達成しようとするものです。

ここで確認しておきたいことは、相手に「その気」になってもらうことで達成することは、**あなた自身の目的だけではなく、「その気」になった相手本人の目的でもある**ということです。

つまり、相手がどのような立場にあろうが、各々が固有に持っている目的がきちんと達成されることが大事なのです。

モチベーション高く、バリバリ仕事をするのは結局部下自身。部下の提案を積極的にサポートするのは上司自身。ワクワクして営業マンから商品を買うのは、とどのつまりはお客さん自身の意思によるものです。

このように相手の心が動いたということは、その気になった本人にとって心地よいものであり、その意味からすれば、誰もが潜在的に「その気」になることを望んでいるといっ

ても過言ではありません。

ところが、ヘッドハンターや人材コンサルタントの中には単に押しが強く、相手に押しつけの選択を強要しようとする人もいます。

たとえばヘッドハンターが、自分が紹介したビジネスマンに対して、求人企業から採用の内定が出たとたん、半ば強制的に入社することを迫るケースが後を絶ちません。転職をするのは、あくまで相手のビジネスマンであり、自分ではないにもかかわらず、商売を成約したいがために入社を強要するのです。

気の弱い人であれば、こうした強要に屈して、不本意な転職を決断してしまうかもしれません。これはヘッドハンター失格の典型例です。

こういった例ではありませんが、人を無理に「その気」にさせようとすると、自白を強要して冤罪を引き起こす検察のようになってしまいます。ですからビジネスシーンにおいては、相手を追い込もうとするのではなく、その逆を心がけてみましょう。

相手の成功をサポートしようと切に願う気持ちこそ、**自然と相手を動かすことにつながるから**です。

相手をその気にさせるための
４大要素

情報などの → **加工力**

＋

相手のニーズに対する → **類推力**

＋

相手の真意を深く探るための → **聞く力**

＋

「信頼」されるための → **相手の成功を願う気持ち**

Chapter 01

人が動いてくれるには相手のメリットの優先が必要不可欠

相手をどのくらい「その気」にさせられるかは、結局のところ「どれだけ相手の役に立てるか」という、あなたの思いの強さによって決まるものです。

つまり、相手のメリットを自分のメリットよりも優先させていることが伝われば、人は往々にして動いてくれるものです。

ヘッドハンターという職業を例にとって説明しましょう。ヘッドハンターは、転職希望者の転職が実現した時点でビジネスが成立します。

企業から支払われるサービスフィーは、転職をする人の年収相当額に一定の率を乗じた金額になるため、ヘッドハンターにとっては、より高い年収で転職者を採用してもらったほうが儲かるのです。

よってヘッドハンターの中には、転職希望者の給料を不当につり上げようとするケースが後を絶ちません。

給料アップは入社する転職者本人にとってメリットがあるように見えますが、それにも適正な水準があり、高すぎる給料は転職者本人への過度のプレッシャーにもつながります。入社後に本人が苦労し、運が悪ければ早い段階で会社を追われるような事態にもなりかねません。高収入に見合うだけの能力がなければ、本人にとってその転職は結果的に大きなリスクになってしまうのです。

相手のメリットを自分のメリットよりも優先させることは、**要は相手にとって最善の道を見つけること**なのです。これは、どんな場合でも決して忘れてはならない基本的な考え方です。

前述のヘッドハンターという職業で言えば、他人の転職をサポートするということは、本人以上にその人の未来を深く読むことが大切であり、そこにサービスとしての付加価値もあるのです。

相手にとって最善の道を見つけるために、私が実践していることがあります。それは、これから転職を決断しようとする人におすすめしていることなのですが、今後の五年間を想定した**「未来の履歴書」を書いてもらうこと**です。

つまり、自分がこれから転職しようと考えている会社で積める経験は何か、また稼げるようになるはずの給料の額や、築くであろう人脈、そしていまよりさらに責任ある役職に自分がついている姿など、できるだけ具体的にイメージしてもらうのです。「未来の履歴書」を書いてもらうということは、選んだ転職先が本当に正しい選択肢であるかどうかについて、一緒に最終確認する意味もあります。

五年後には何ができるようになっているか、本人に転職前から考えておいてもらうことで、新しい会社に入るための心の準備をしてもらうのです。

そして、どのような努力をすれば、自分の望む五年後の姿に近づくことができるのか、本人が前向きに考えてくれるようになれば、ヘッドハンターとしては、やるべきことをしっかりとやっているという実感にもつながるのです。

よく「私にまかせていれば大丈夫です」というヘッドハンターがいますが、しかし実際には、未来のことをはっきりと見通せる人など存在しませんし、ポジティブな言葉だけをかけて将来を保証するような発言は、誤解を生み、かえって無責任となるでしょう。もし、将来を保証するような発言ばかりをするこの手のタイプの人間に遭遇したら、気をつけるようにしてください。

さて次章では、相手を「その気」にさせるためのスキルについて、さらに詳しく考察していくことにしましょう。

Chapter 02

相手の心が動く
メカニズムを考察する

Chapter 02

心を動かすには情報収集と分析は必須事項

前章にて、人の心を動かすために必要なのは、次の二つの要素をマッチングさせることだと私は言いました。

①自分の持っているもの……スキル、専門性、情報、やる気、経験など
②相手が求めているもの……必要なもの、楽しいもの、感動、意外性、希少性、価値のあるもの、癒やされるものなど

そのためには、とくに「相手が求めているもの」について、**それが具体的に何であるのかを知る必要があります。**正確な情報を集め、それを分析することが必要だからです。

情報収集と聞くと、すでに公開されている相手企業の情報や、人づてに相手の志向を聞くことを思い浮かべるかもしれません。確かにそれも情報収集の一部ですが、相手が求めるものは刻一刻と変わるものです。必ずしも明文化されておらず、意外とつかみどころの

ないものでもあります。

「相手が求めているもの」は、相手のそのときの気分によっても変わることがありますから、インターネットでいくら検索して周辺情報を事前に集めていても、それだけでは真実に迫ることはできないでしょう。

ではどうしたらいいのでしょうか。

「相手が求めているもの」は、あくまでも相手と話している「その場」で、相手の様子や言動から、類推するしかないのです。

そのためには、適切なタイミングを選ぶことも重要です。

単純な例で言えば、一人の同じ人間であっても、休日に家族と一緒にリラックスしているときと、住宅ローンの契約をするときとでは、当然ながら心の持ちようがまったく違っているはずです。

たとえばあなたが、画期的なアイデアを思いついたとしましょう。どんなに優れた提案でも、不機嫌ムードになっている上司に提案したら、一発で「そんなことできるか！」とどやされてしまうおそれも高いはずです。

つまり、相手の心を動かすためには、**相手の心理状態がいいタイミングを選ぶことが大**

切なのです。

相手の心理状態を理解することは、容易なことではありません。中にはわかりやすい性格の人もいますが、感情が表情や態度に出ない人も、世の中にはたくさんいるものです。

そんな場合は、日頃から相手のクセをよく観察しておくことが求められます。どんなやりにくい人でも、**感情の表現方法には、一定のパターンがある**からです。

たとえば、気分がいいときは人によく食事をおごる人がいます。気分がいいとふだんよりもカジュアルな服装をして会社に出社する人もいるでしょう。表情や態度、もしくは言葉から相手の特徴を判断するのは、ときに判断を見誤ることがありますが、こうした行動パターンは、意外に本人は気がつかなくても、周りからは気がつきやすいものです。

ほかにも相手の態度に注目するのも大切です。

こちらが話していることを集中して聞いてくれているのかどうか。あるいは「いま話かけてほしくない」といったオーラを出してはいないか。周囲にいる人や、一緒にいる上司などを意識して、発言が控えめになっていないかどうか。何か心配ごとがあって、言いたいことが言えない状態ではないかなどです。

このような要素を敏感に察知して、「相手が求めているもの」を探る質問をベストなタイミングで投げかけたいものです。

Chapter 02 空気を変えるためにできること

次に人の心が動いていくときの「空気」についてお話したいと思います。
実際に相手の心が動くまでには、段階的にその場の空気に変化が起きています。

1　「それは何だろう?」と探る段階
2　「どうしようかな……」と迷う段階
3　「なるほど!」と何かに気づく段階
4　「やってみよう!」と決意する段階

たとえば日頃から信頼関係のある上司を「その気」にさせようと思えば、相手の精神状態を読み、ベストなタイミングを計って声をかければいいでしょう。しかし、初めてお店に入ってきたお客様を「その気」にさせようとする場合、まずは相手に信頼されるためのアプローチから始める必要があります。

基本は、とにかく**相手の話をじっくり聞く**こと。あまり話さない相手であったら、雑談などを持ちかけるなど、とにかく相手が自分のことを話してくれるシチュエーションに持っていくことが先決です。

この段階で、相手のスタイルや、話すときのテンポ、また好きなトピックスなどがわかってきます。相手との距離を縮めるための一番の近道は、相手の特性に合わせて話をすることです。

ここでコミュニケーション力に自信がある人は、むしろ気をつけてください。相手が積極的に話したがっている状態であるにもかかわらず、つい自分が話の主導権を握り、熱弁を振るって相手を圧倒してしまうようなことがないように注意すべきです。

目的はあくまで相手にリラックスしてもらい、相手自身のペースを出してもらうことです。相手が乗って話を始めれば、少なくとも相手は警戒を解き、状況を**「探る」段階**から抜け出し、だんだんと興味を持ち始めてくれたと見ていいでしょう。

興味を持ち始めた相手は、同時に**「どうしようかな……」と迷い始める段階**に進みます。

つまり、理解が深まることで、新たな疑問も生まれるのです。

次に相手がどうしたら疑問を解消できるか、そして新たな**気づきを得る段階**に意識を高めてもらえるのかについて、考えてみることにしましょう。

Chapter 02 「どうしようかな……」を「なるほど!」に変える質問術

まずは具体的な例で考えてみましょう。


たとえば、出版社の編集者と新しい書籍を出すための打ち合わせに臨むとします。著者が関心のあるテーマに対し、編集者は乗り気でない場合、どうすればいいでしょうか？

「売れると思いますから、やりましょうよ」と**主観的判断に訴えるアプローチというものは根本的に効果が期待できません。**

なぜなら、往々にして場の空気というものは最初から否定的なムードが多いものですから、まず最初は、その理由を探るためのアプローチをとるのが大事でしょう。

最もシンプルな方法は率直に、最初から核心的なことを聞いてしまうことです。


「この内容はいけると思うのですが、難しいですか?」

「あまり興味が湧かないようですが、何がネックになっているのですか?」

そうなれば、思いもしない答えが返ってくることがあります。

「じつは最近、別のヘッドハンターの方の本を出して、失敗したばかりなのです。だから編集会議に上げても、編集長がいい顔をしないだろうなぁ……と思って」


このような状況に関する情報は、いくら自分で情報収集をしてもつかみようがありません。いい企画書だったとしても、他の失敗事例が引き合いに出されてしまえば、このタイミングでは、同じ分野で失敗を繰り返したくない出版社の意向で、その企画はボツになるだけでしょう。率直に状況を聞いてしまうことで、今後の方向転換を決めるのに時間がかからなかったいい例でしょう。

無理に編集会議に企画を上げてもらったとしても、相手の負担になるだけでなく、結局はボツになって終わりです。それでは「この著者はやりにくい」ということになって、後々の人間関係に悪影響を及ぼすおそれも出てきます。

　とはいえもちろんこのままでは、こちらの要望は永遠に実現しません。だから少し矛先を変えてみます。


「そうですか……。ちなみに編集会議って、どんな具合に行われるのですか?」

「月に二回あって、編集部全員と営業のトップも出席しますね……」

「編集会議では、誰が一番、権限を持っているのですか?」

「営業からも意見が出ますが、やはり決めるのは編集長ですね」

「編集長を納得させることができる企画を出したいですね」

「そうなんですよ。でも、それが難しくって。**相手をその気にさせるノウハウなどがあればいいんですけどね**」

「そのテーマはどうですか? 『人を動かす交渉術』、面白そうじゃないですか」

「確かに。どんな内容の本になりそうですか」

「ヘッドハンターとして、相手を『その気』にさせるのが私の仕事ですから、仕事で使っているノウハウを紹介していくのはどうでしょう?」

「なるほど……」

編集者自身が課題に感じていたこと、そこにテーマのヒントが隠されていたというケースです。このやり取りの特徴は、**著者が編集者に質問をしている中で生まれた**ということでしょう。

「別のヘッドハンターの本が先に出版されたが、失敗した」というネガティブな情報があったにもかかわらず、新しいテーマが生まれたのは、何気なく感じる著者と編集者の間で交わされていた**質問の数々が重要なきっかけ**だったのです。

「なるほど！」という気づきの段階にようやく入ったわけですので、あとは「やってみよう！」と決意してもらうだけです。その段階に至る過程について、次に考えてみましょう。

決断はあくまで相手に委ねるもの

ようやく編集者に「なるほど」と思わせることができたとします。ここからさらに**「やってみよう！」と決意してもらう段階**に持っていくにはどうすればいいのでしょうか？

編集者にとって「これは面白い、売れるぞ！　自分の手柄にもなるし、会社にとってもいいんじゃないか」と感じてもらう必要があります。ここからは具体的なデータを使って、論理的に説明すると効果があります。


「類書は過去にも繰り返し、結構出ていますね。比較的売れるテーマなのではないですか?」

「そうですね。最近出た××という本も売れているみたいですし、売れる可能性は高そうですねえ……」

「ああ、あの本は読みましたよ。著者は毛色の違う人ですが、いい本でしたね。ただビジネスのノウハウ面の情報に欠けていたから、新しい企画ではそのあたりに特徴を出したいですね」

「類似したテーマの企画がほかのメディアでも最近よく取り上げられていますね。これからブームになるんじゃないかな……」


誰しも人から押しつけられた企画には乗りたくないものです。できればその企画を出したのは自分であることを主張したいと思うものでしょう。相手の心を動かしたいときには、こうした心理を活用して、あくまで相手自身に結論を出してもらうよう、話の流れをつくることが大切です。

編集者本人が「この本は売れるんじゃないか」という思いを高めてくれるようになれば、かなり交渉は終わりに近づいてきました。でも、それだけでは、じつはまだ不十分です。話は最初に戻りますが、編集者にとって壁となるのは、「編集会議で企画が通るかどうか」なのです。ですから「その気」にさせるには、「この本はヒットするぞ！」というだけではなく、「この本なら編集会議に通るぞ！」という強い思いを感じてもらわなくてはいけません。つまり編集会議を通すための道筋を描かなくてはならないのです。

会話を通した情報収集の段階で、すでに編集会議のキーマンが編集長であることはつかんでいます。よって、次にこの部分に焦点を当ててみます。

「編集長はこの企画をどう思うでしょうか？　そもそもどういう企画が、会議では通りやすいのですか？」

「うーん、編集長はオリジナリティのあるものを求めますよね。それと実用性のあるものかな……」

「ヘッドハンターの書いた本は、理論中心のものが多くて意外に難しいので、もっと簡単にさらっと読み流せるようなつくりにしたらどうでしょう」

「確かにそうですね……」

人の心が動いていくには
段階がある！

「編集長は女性でしたっけ?」

「はい、そうですが……」

「ヘッドハンターの書いた本は、ほとんどが男性的な論理的思考を強調したものが多いですから、今回の本は女性を意識して、ヘッドハンターのソフトスキルに焦点を当てた内容にするのはどうでしょうか。たとえば女性管理職の方が、年上の男性の部下ばかりいる職場で、彼らの心をどのように動かしているかに関する事例を紹介するのはどうでしょう……」

「なるほど面白いですね。ちょっと編集長に話してみますよ!」


こうした話し合いを重ねていくうちに、だんだんと編集者のほうも、企画を通すためのストーリーが頭に描かれていきます。その場の空気はついに**「決意する」段階**に到達し、「では、ぜひ次の編集会議にかけてみますよ!」という前向きな反応をもらうところにまで至るわけです。

Chapter 02
アプローチは「いきなり結論」よりも「ゆっくりジワジワ」が好ましい

いままで述べてきた例からもわかるように、人を「その気」にさせるには、その人を取り巻く環境の特徴を細かく把握し、それに合わせた働きかけをしていかなければなりません。

一見、まわりくどいやり方に思えても、ステップを踏んで相手の状況を理解しながらアプローチしていくことがとても重要になるのです。

しかし結局はこれが、相手の心を動かすための、一番の「早道」なのです。

しかも人が抱える問題は、「Aが得か、Bが得か」という**損得勘定のみを説明して解決できるものではなく、合理性や論理性のない「感情」に起因する原因があることも多い**のです。先の編集者の例でも、編集会議を通すには「この企画は論理的に妥当だ」という証拠集めだけでは、企画を通すことは困難でしょう。

そこには「編集長を説得できるか」という、極めて属人的なアプローチを戦略的に考えることも必要だったのです。

とかく最近は、論理で他人を説得しようとする人が増えてきているように思います。確かに論理によって人を「言いくるめる」ことは可能です。

しかし論理だけで相手の気持ちを「その気」にさせ、相手本人の意志でこちらの望むように動いてもらうことはできないものです。

たとえば、転職するかどうかを考えている人の中にも、論理的に考えて「転職すべき」という結論が出ていながらも、やはり感情の部分で不安を払拭できず、踏みとどまる人は大勢います。

現在の会社に不満を持っていて、仕事もあまり楽しくないという人がいたとします。一方でその人を採用したい企業が好条件を提示している場合、「いまの会社にいるより、会社を移ったほうがいいに違いない」ことは、本人も納得しています。

それにもかかわらず、何となく本人はあと一歩を踏み出せない。このような場合、ヘッドハンターは非常に苦戦します。

やはりその人の背景には、感情的な要素がブレーキとして存在するのです。「新しい環境に踏み出すのが怖い」と言う人もいれば、それ以外にも「転職したら、世間体が悪い」「これまでいた会社にもお世話になってきたし……」など、感情面でのブレーキが働いているわけです。

こんな場合、「気にする必要はありません」「あなたなら大丈夫です」など、励ましや不安解消のための言葉を並べても、そう簡単に不安を取り除くことはできません。このような場合には、時間をかけて、まるで魚の骨を一本一本抜いていくように、丁寧にフォローしながら少しずつ話を進めていくことが必要です。

たとえば、私は以前、ある男性から**「女性にプレゼントを贈って好印象を持たれるには、金額ではなく、回数が大切だ」**と言われ、納得してしまったことがあります。どんな高額のプレゼントを一回渡しても、マメに花を贈る人にはかなわないということです。

どんな人間関係においても、もし何か問題が生じているのなら、相手と一歩一歩歩調を合わせて対話を重ね、わだかまりを解いていくことが大切です。

転職に躊躇する人には、ほかにいる転職に踏み切った人の成功例を話し、その人を採用したいという会社の社員の方々と何度か会ってもらうことも少なからずあります。雇用条件の改善も効果がありますし、あらためて企業側から、その特定の個人を採用したいという熱意をアピールしてもらうこともあります。

そうやって相談者の気持ちを少しずつほぐしながら、その人が**自分の意志で転職を決断できるようサポートしていくこと**が、ヘッドハンターの仕事において、とても重要な部分

一年に一度だけ

月に一度は必ず

どちらが効果的でしょう？

を占めています。

つまり、「いきなり結論」よりも「ゆっくりジワジワ」アプローチしたほうが、相手を心から動かすには効果的だという場合が本当によくあるのです。

これは**童話『北風と太陽』でいうところの太陽のイメージと合致するもの**です。

たとえば一億円の取引をするときに、

1　取引総額の一億円を銀行口座に一度に振り込む
2　五〇〇万円の札束を用意して、相手の目の前で一億円分積み上げる

この二つの例だったら、相手に与えるインパクトがより強いのはどちらの支払い方でしょうか。

同じ一億円の取引ですが、2のほうが相手に「すごいことになったぞ！」という気持ちを起こさせることができるのではないでしょうか。

結局、**人が「その気」になるというのは理屈の問題ではなく、感情の問題**なのです。

それには「いきなり結論」で迫るより、「ゆっくりジワジワ」アプローチをした方が効果的だと私は思います。

Chapter 02
相手の感情が高まる「瞬間」を見逃さない

「ゆっくりジワジワ」の効能をお話ししましたが、もちろん「鉄は熱いうちに打て」という言葉があるように、相手の気持ちが乗ってきた瞬間に一度に勝負をかけて、相手を動かすべきときも時と場合によってはあります。

たとえば契約を交わす段階で、相手が乗り気になっていたとします。そんな場合に禁物なのは「じゃあ、これが契約書になります。内容は説明したとおりですから、あとはここに記名して捺印してから、後日、送付してください」などと、わざわざ時間を置いてしまうことです。

「契約書を用意しました。こちらに住所と名前をお願いします。ハンコがない？　大丈夫です。近くにハンコ屋さんがありますので、私が買ってきましょう」

このように、状況によっては、勢いがあるうちに物事を前に進めたほうがいいケースがあります。

一見強引なように感じるかもしれませんが、**相手が一番乗り気になっているときに決断してもらうと、その後もコトがうまく運ぶことが多い**のも事実です。せっかく相手の気が乗っているのに、「では、明日までにご決断ください」などとわざわざ先延ばしにするべきではない。それでは相手の気が変わってしまうことにもなりかねません。

これはどんなケースでも同じです。たとえば誰かと話をしていて「じつはこんな面白いお店があるんですよ」という話題が出たとき、「では今度、行ってみましょう」という結末になると、おそらくそのお店を訪問することは実現しないことがほとんどでしょう。「いまから行ってみましょう！」と、即座に行動を起こすか、「予約を入れましょう！」と積極的な行動をとれるかどうかで、結果には大きな差が生まれます。

人づきあいにおいても、「いつまでたっても社交辞令を言い合うだけの人」になるか、それとも「頻繁に会って情報交換をするパートナー」になるかでは、大きな違いです。

誰かと会ったとき、「私の知人にこんな人がいるのですが、今度会ってみますか？」という話をして、相手が俄然興味を示したとしたら、そのときに一番効果的なのは、話題に出た知人にその場で電話をかけ、「では本人と替わりますので、スケジュールも決めてください」と、話をグングン前に進めてしまうことなのです。

とくに仕事の話などは、そのような勢いが必要な場合であれば、その後もいいテンポで話が進展していくことは多々あります。

「今度連絡をとり、相手の意向を聞いてみますよ」などと悠長にやっている限りは、自分自身も含めて誰も心が動くことなどはなく、結果的に物事を前に進めていくことはできません。

「お話を聞いていたら、いますぐその会社で仕事をしたくなってきました。求人に応募させてください」などと身を乗り出す転職希望の人がいます。そんな場合にも、私はできるだけ早く先方企業と連絡をとり、すぐに顔合わせができるよう段取りをとることにしています。

現実には、転職活動にはかなりのエネルギーが必要になるものです。ただし、これも相手がすでに「その気」になっている状態であれば、ストレスが強くかかるような状況でも、本人自らの意志で乗り越えていってくれます。

たとえば話しにくい相談を上司にしたり、お世話になっている人に事情を話したり、家族を説得したり……といったことも、本人に強い意志があるときほど行動に移しやすいというのが事実でしょう。

だから、本人の意欲が最も高いときこそ、そのエネルギーを傾けるべき方向を示唆してあげることをおススメします。「相手にとって最高の結果が出るよう何らかの支援をする」という発想が大事なのは言うまでもありません。

Chapter 02 「その気」になるタイミングを上手に演出する方法

相手が「その気」になるタイミングを上手に「演出」してあげる場合もあります。

たとえば、転職希望者に内定が出ることになったとします。

木曜日に面接をして、翌日の金曜日にはもう企業側から「内定を出す」という連絡をいただいた場合を例にとってみましょう。転職希望者本人も、ぜひその会社に行きたいと希望しているケースなら何も問題はありません。

しかし本人がまだ迷っている状態の場合、面接の翌日に内定が出たことをそのまま伝えると、かえって「こんな簡単に内定が出るのであれば、まだ自分はもう少し転職活動を続けるべきではないだろうか」と自分に言い聞かせ、せっかくの内定を断ってしまうケースがたまにあります。

企業側が即断即決するほど優秀な人材なのに、自分がまだ迷っているうちに内定をもらうと、逆に「ずいぶん採用を急いでいる会社だな……」というようにマイナスイメージを膨らませる人もいるのです。

職務経歴書を書いたり、面接を受けたりしている期間には、多くの人は「果たして自分はあの会社で通用するのだろうか」「自分にはどんな仕事ができるのだろうか」と、謙虚に自分自身の内面を見つめているものです。

ところが「あなたを採用したい」という通知が来たとたんに、一転して「もっと好条件の会社があるのではないか」と、急に上から目線で状況を見るようになる人もいるのです。

ヘッドハンターの務めとして、木曜日に面接が終わったなら、翌日の金曜には一応、本人と電話などでお話をします。

しかし、もしその段階で企業側から内定が出ていたとしても、電話の向こうの本人に、いま述べたような変化が生じる気配を感じたときは、その場で結果を伝えることは、あえて控えるというテクニックを使います。

つまり、週末の時間を使って、本人に「その気」を熟成してもらうのです。具体的な会話としては、こんな感じです。


「感触はどうでしたか?」

「企業からは前向きな面接の印象だったと聞いていますよ」

「私は面接通りそうですかね?」

「大丈夫だとは思いますが、まだわかりません。他の候補者もいるようですので、週明けには状況をフィードバックします」


週末、この人は「結果はどうだろうか? 自分は採用されるだろうか?」と真剣に考えてくれるものです。

みなさんにも経験があるかもしれませんが、「ダメかもなあ……」という不安を感じれば感じるほど、「もしもあの会社に入れたらどんな活躍ができるだろうか?」と、期待も高くなるもの。

「結果がどうなるかわからない」という思いで過ごす一定の時間をあえてつくることで、「入社できたらいいな」という相手の期待感を高めるのに効果的な場合もあるのです。

そして週明けに、もう一度連絡をします。

「まだ結果が出ていないようで申し訳ありません。どうですか？　面接を振り返って、あの会社にはどのような印象を持っていますか？」

「いろいろ考えたのですが、やっぱり自分の経験を生かせそうな会社だなと思いましたね。もし入社できるのならば、ぜひ頑張りたいです……」

「そうですか。それならよかったです。いい結果が出るといいですね。私のほうからもフォローアップしておきます！」

こうして電話を切り、二時間くらいしたら再び電話をかけます。

「先方の企業と話をしましたが、ぜひ入社してほしい、ということでした。おめでとうございます。これまでの経験を生かして、新しい風を吹かせてほしいということでしたよ。本当におめでとうございます」

こうした一連のコミュニケーションが成果をもたらす理由は、転職希望者に対する企業側の高い評価があったからこそとも言えます。

しかし同時に、私は転職を希望している人が何を求めているか、入念にヒアリングもしていました。そして、そこで得た感触を生かしたのです。

本心では「あの会社に入れたらいいな」と思っているはずだと思いましたから、少し時間がたって、本人の気持ちがその会社に傾いてきたであろうベストの頃合いを見計らって、上手に「内定」を伝えたわけです。

このことによって、本人は「よし、新しい会社で頑張ってやるぞ！」という気持ちがグッと高まる。

確かにこれは一種の演出ですが、どうせ入社するならば、モチベーションを高めて、まさに「その気」になってほしいというのが、ヘッドハンターの思いであるわけです。

いま述べた例では、ただ事実をそのまま伝えるのではなく、ほんの少しだけ時間差をつくってそこにドラマを演出しています。そのほうが結果的に本人のモチベーションも上がるし、さらには入社したあとの頑張りにもつながっていきます。

転職希望者の「入社したい」と企業の「入社してもらいたい」、お客様の「買いたい」とお店の「売りたい」、上司の「成果を出してもらいたい」と部下の「認められたい」。

本来これらの思いがうまくかみ合うように、上手なコミュニケーションを図ることが私達ビジネスマンの重要視すべきポイントです。

だからこそ、相手の心を動かすコミュニケーションが必要になってきます。

そこでは単に「相手を乗せる」だけではなく、相手にとって**「理想のタイミング」を待ってあげる配慮も、よい結果を出す上でとても大切**になってくると言えるでしょう。

Chapter 02

「悪い情報」より「いい情報」に目を向ける努力を

部下を育成するときなどは、よく「欠点よりも長所に目を向けろ」ということが言われます。人を心から動かす場合でも、これは同じだと思います。

そもそもすべての人について、欠点や短所ばかりを探していけばキリがないものです。そこへ持ってきて「それでは失敗します。こうしなければダメです」とやるのでは、相手を「その気」にさせるどころではなく、単に何かを強制しているだけになってしまいます。

それでも相手が動くということでは同じかというと、まったくそうではありません。「その気」になって動いてもらったのと、強制して動かしたのでは、やはりその後の成果に大きな違いが出てくるからです。

人を心から動かすということにおいて大事なのは、相手を大切に思う気持ちです。

つまりどんな相手に対しても、**長年の友人、もしくは血のつながった親族であるかのような感覚で「この人はどのような状態になれば一番幸せなのだろうか」と考えることが大事**なのではないかと思うのです。

ここでも転職の例で言えば、なかなか自ら動こうとはしない人たちもいるものです。多くは保守的な人であり、変化を好まないタイプです。どんなキャリアプランを提示しても、最終的には現状維持を選んでしまう人たちです。

それでも「その気」にさせる側としては、「この人にも幸せになってもらいたい」という気持ちで相手の強みを探していかない限り、現状突破は到底できません。

前にも述べましたが、『北風と太陽』の話に出てくる太陽のような、まさにすべてを包み込むような暖かさが必要なのです。

私は自分自身のキャリアを商社マンからスタートしましたが、その仕事の内容は日本の商品を海外に輸出することで、私は現地に駐在する先輩社員と国内メーカーをつなぐパイプ役を果たしていました。つまり、海外にいるお客さんと直接会話をすることはなく、すべては先輩社員を通した仕事です。

当時の私はお客さんのニーズを直接聞くことができず、そのため先輩社員を「その気」にさせなければ、自分の仕事の成果は上がりませんでした。やがてその状況が自分にとって物足りないものと感じるようになり、後に直接お客さんと話ができる仕事を始めたいと思い、転職に至りました。

ただ、いまになって思えば、若輩者だった私は当時の先輩のことを「大切に思って心から動かす努力」を十分にしていなかったように思います。

いまならとことん相手のために「いい情報」をメーカーから引き出し、海外にいる先輩社員を心から動かすアプローチを心がけたことでしょう。

Chapter 03

相手を「その気」にさせるプレゼンテーション術

Chapter 03

相手の期待値を上げるためにできること

前章の末尾で「いかにして有益な情報を引き出すか」という、いわば「相手の側にあるもの」に焦点を当てました。

本章では引き続き、人を「その気」にさせ、心を動かすための具体的な方法について、考えていきましょう。特に本章では、**自分の魅力を高めること**で、より多くの人を「その気」にさせることに焦点を当てて考察してみます。

まずは自分が「ロマン」を感じることについて、触れてみましょう。（ロマンの解釈は人の数だけあるようですし、男女によっても違うと思います。ここではシンプルに、ロマンとは「夢」「感動」「志」のようなイメージで捉え、あまりそれ以上深く言葉の意味を考えることは省略します）。

そう、ロマンで人は「その気」になると言えるでしょう——。

前章でもお話しした通り、人が「その気」になるのは、あくまでも心の内側から湧き起こる、「揺さぶられた感情」が必須の条件です。

話がいくら合理的で、かつ相手の得になるような情報があったとしても、**そこで本人の感情を揺さぶるような高揚感を与えられなければ、人は「その気」になることはありません。**

ではいったい、どんな話が相手に高揚感を与えるのかといったら、実現は可能だけど実際は実現できていないこと。「できたらすごいな！」と期待してもらうような話ではないでしょうか。

つまり、「この計画は実現できる可能性が九五パーセントあります」と言うよりも「まだ誰も取り組んでいないことなので、やってみる価値があります」と言われたほうが、相手の期待値は高まるのです。

ここで昔の戦国武将の話を一つ、例として紹介しましょう。

「うちの戦力は三万人で向こうは五〇〇〇人だから、絶対この戦は勝てる。出陣してくれるな」

もちろん、これでも十分、強いメッセージとなるでしょう。ただし、次のように言われたら、もっと「その気」にならないでしょうか。

「この作戦なら五千人の戦力で、三万人いる敵を撃破できる。ついてきてくれるか」

時は群雄割拠の戦国時代。この伝え方のほうが、魂を揺さぶられる感じがします。強い者がのし上がるという、まさに下剋上によって、次世代の序列がこれから定まろうとしています。戦闘心がわくのではないでしょうか。

「ロマンが人を動かす」というのは、まさにこういうことです。

ビジネスで人を「その気」にさせる場合でも、そこに**ロマンを感じさせることができるかどうかが、成功のためのカギ**になります。

たとえばコスト削減のために、「紙を無駄にするのはやめよう」というキャンペーンを行うとします。「会社の利益率が上がります」「経費が浮きます」と言っても、そこには心を揺さぶるメッセージが感じられません。

せいぜい「社長の懐が潤うだけだろ……」と思われるだけでしょうから、社員は「その気」にならず、動いてはくれません。

こんな場合は、たとえばですが、以前からボランティアをしようという機運が社内に満ちているなどの状況を探り、「アマゾンの森が伐採され続けているから、紙の使用を節約して浮いたお金は、自然保護の基金に寄付しよう」と提案してみるなど、経費を浮かせることと、社員が達成したいことを結びつけてみてはどうでしょうか。

あるいは、もっと身近な目標でもいいのだと思います。コーヒーメーカーがたびたび故障することで社員の不満が募っていた職場ならば、経費を削減する理由として、「浮いたお金で会社に新しいコーヒーメーカーを買おう」「いっそのこと自販機を導入してしまおう」という話にすれば、社員にとっても、経費を節約しようという機運がグッと高まることでしょう。

会社によっては「社長賞」を用意している会社があります。成績の優秀な社員に金一封を出すのですが、その額が五〇〇〇円だったりすると、「なんだ、そんなものか」と逆にやる気がなくなる社員がいるかもしれません。これは、社長賞それ自体がどうだという話ではなく、その運用を間違えると逆効果になることもあるということです。

以前アメリカのドラマを見ていたら、デキる社員への社長賞として、社長所有の別荘を週末貸してくれるというエピソードがありました。

オフィスで社長が別荘の鍵と一緒に社有車のスポーツカーの鍵を渡すシーンは圧巻でしたが、部下や社員を「その気」にさせたいのならこのくらいのスケール感が「社長賞」にあってもよいのではないでしょうか。

Chapter 03

デキる上司が長い休暇をとる理由

「週末に別荘を貸す」という報奨は、おそらく日本的な企業風土の中ではなかなか定着させることが困難だとも思います。日本企業の場合だと、ひょっとしたら、別荘を貸してもらったほうも、かえって気を遣ってしまい、逆効果となることもあるでしょう。ただ、本当にこれが実現したことを想像してみましょう（欧米社会のようなスケール感で想像してみるといいと思います）。

郊外にある立派な別荘に車を乗りつけ、預かった鍵で別荘に足を踏み入れてみると、そこには立派なソファーセットがあり、リビングの広い窓の奥には、一面に広がる海が見えます。

部下にとって、これはまったく想像していなかった世界でしょう。社長の別荘を借りるという好奇心、そして成績優秀で社長の覚えもいい自分自身を振り返り、思いのほか、満足している自分に気づくのではないでしょうか。

「社長になれば、こういう暮らしができるんだ」という、そんな思いも湧き上がってくるかもしれません（逆に本人が不快な気持ちになったり、萎縮してしまったとすれば、その社長さんは別荘の鍵を渡す人物の人選を間違えたことになるのでしょう）。

週末の非日常体験から戻ったその社員は、その後、仕事でどんな働きをするようになるでしょうか。

かなり今後の活躍に期待できると思います。

ここで、別荘を貸すことよりも、もっと現実的な方法を次にご紹介しましょう。

私は以前、『デキる上司は休暇が長い』（あさ出版）という本を書いたことがあります。

本当にすべてのデキる上司が長期休暇をとっているかは別として、やはりそれを実行できる上司は「上司として優れている」と言えます。

なぜなら「過労で倒れるほど働いて出世する上司」よりも、「長い休暇をエンジョイできる上司」のほうが、部下は上司に対して優秀でポジティブなイメージを持てるからです。

仕事を頑張って、能力を高めた結果、より責任のある地位に就き、収入も上がったとします。その結果として生活も安定し、豊かな人生を送り、なおかつ長い休暇を楽しめるのであれば、それを見た部下も、仕事の頑張りようがあると感じることでしょう。

逆に出世したものの、日々戦々恐々とし、ストレスで体調を崩し、連日深夜残業をする上司であれば、誰もそのような上司をお手本とはしたくないものです。

多くの部下に対して、**「この会社で自分も出世したい」というモチベーションを与えることができているなら、管理職としては成功**なのです。その象徴的な行動の一つが、「長期の休暇をとる」ことですが、部下のモチベーションが上がるなら、これも方法としてはありです。

もちろん、そこには条件があります。それは周りを十分に納得させることです。つまり、自分の仕事を終わらせることは言うまでもなく、部下の仕事にもしっかりと目配りをするということです。

現実に上司が長い休暇をとることによって、部下が上司の仕事を代行したり、自分で重要な決断を下したりと、権限委譲の機会も増えるものです。

上司の仕事を代行することによって、部下は自分のキャリアアップに対するイメージを具体的に膨らませることもできます。上司が休暇を終えて帰ってきた頃には、部下が意欲満々になっていることも期待できるでしょう。

部下にまかせるということは、ときに部下を大きく成長させます。

もちろん休暇を取ることは自分自身の生活に充電をすることにもなります。また上司が一瞬、会社から「いなくなること」で、あらためて上司の存在の重要性をアピールできる効果も期待できるのです（その逆とならないように気をつけていただきたいものですが）。

むろん緊急の連絡ができるようにはしておく必要があります。一、二週間のまとまった休暇を取る上司を、私は何度も見たことがありますし、私自身もじつはこのことを意識して、毎年長期の休暇をとるようにしています。

ここで上司の立場にある方は、そんな休暇をとるだけの器量は自分にはないと思わないでください。

むしろ「長期休暇をとるから、いい上司になれる」のです。

ぜひ一度試してみることをおすすめします。

Chapter 03

魅力あるキャラクターになる方法とは?

世の中には、魅力ある人がたくさんいます。**そうした人々に共通する特徴は、オリジナリティあふれるユニークなキャラクターを持っている**ことです。

「ユニークな」と書きましたが、それは必ずしも「優れている」「希少性がある」「カリスマ的」といったタイプばかりではなく、どんな特徴であっても、周囲の人間が「そのユニークさに『共感』できること」であれば、その人物の魅力になるのです。

つまり、人は相手の持っている特徴そのものに動かされるのではなく、**「その特徴を自分自身と一度関連づける」プロセスを経て初めて「共感」し、「その気」になって行動する段階に進む生き物**なのです。

詳しく説明していきましょう。

現在大流行の坂本龍馬ではありませんが、魅力的で人を「その気」にさせてしまう人とは、結局自分中心に物事を進める人物ではなく、、あくまで**他人中心で物事を考えることのできる人**です。

たとえば「気が利く」とは、人を「その気」にさせる行動を指してもいます。一例として、送別会のアレンジについて考えてみましょう。

いつものお店で開くことに、ほぼ決まりかけているとします。しかしそこで「気が利く人」は、「○○さんは昔、ロシアに駐在していたことがあるので、ここはロシア料理でいきますか」という提案ができるものです。

「お店にコースの金額を聞いてみたら、いつもの予算より一人あたり五○○円オーバーですが、料理を少しだけ減らしたり、飲み物の種類を絞ったりして価格交渉してみようか」というように、具体的なプランを実現するアイデアも持っています。

このように送別会のアレンジ一つとっても「気が利く人」は、送別される人にとって何が心に刺さるメッセージであるのかを考えるため、自分中心の考えで事を進めたりしないのです。

このように新しい提案ができ、しかもそれを実現させる行動力を発揮すれば、「彼にまかせると、何かやってくれそうだ」という期待につながります。たかが送別会のアレンジと思われるかもしれませんが、「今回の送別会は、本当に心に残る送別会だった」という参加者の心からの一言を引き出せる人には、やがて、多くの人の注目が集まるようになり、重要な仕事もまかされる可能性がきっと増えていきます。

このように、魅力がある人にはその人独自の視点があって、そのユニークな発想が他者を楽しませたり、幸せな気分にしたり、ときに人を感動させたりもするものです。**小さな気配りや思いやりでも、人の心は大きく動くのです。**こういったことは見落とされがちですが、ぜひ日頃から気に留めておいてもらいたいものです。

Chapter 03

自己ブランディングには「意外性」を活用するのが有効

次に自分の人間的な魅力を人にどうアピールすべきかについて考えてみたいと思います。人を「その気」にさせる人は、自分の魅力をうまく利用できる人でもあります。

そこで魅力を伝えることに関してよく言われるのが「自己ブランディング」という考え方です。

その効果的な方法は、何かわかりやすい自分の特徴に光を当てて、その部分を強くアピールすることです。それは趣味でもいいですし、出身地でもいいかもしれません。長く続けていることなども、相手の印象に残ります。

たとえば「登山」が趣味であることが、あなたの特徴だとすると、そこから想像できるあなたの人物像が周囲の人に広がっていくのです。「映画が好き」なくらいではちょっと印象が弱いかもしれませんが、「年間、必ず一〇〇本の映画を見ている」だったり、また新しい映画に対する鋭い批評をブログで公開している人であれば、映画通として、相手に強い印象が残るかもしれません。

一方、自己ブランディングには、強烈な特徴ある個性をアピールするだけでなく、むしろ**「この人にはこんな側面もあるんだ」と思ってもらえるような意外性を見せることも効果がある**といいます。

たとえば、ふだんは積極的で活発なアウトドア派の印象がある人が、意外と渋い古典作家の全集を読んでいたり、あるいは大胆でラフな印象があるのに、じつは猫を飼っていて、スイーツ好きであるなどといった意外性やイメージギャップは、かなり相手の印象に残ります。

たとえば趣味なども男性が野球や麻雀をやるのは珍しくありませんが、料理や水墨画のような趣味を持っていれば、これもかなり意外性が高まると思います。さらに、二十代の若い人が盆栽を育てていれば、かなり強く相手の記憶に残ることでしょう。これは別に意味もなく、奇抜な趣味を持つことをすすめているのではありません。

「なぜ、そのような趣味を持っているのだろう」と相手から興味を持ってもらうこと、その結果、相手はあなたのことを意識するようになり、あなたの印象が増す場合があるのです。

「意外性」という個性をうまく使えるようになれば、相手はあなたに対して好印象を持ってくれますから、人間関係でもきっとよいスタートが切れることになります。

意外性を上手に使って好印象を持たれれば、これは相手を「その気」にさせる準備段階への、状況が整ったと言えるのです。

Chapter 03 自己アピールは相手に合わせるよう心がける

自分自身にどれだけ多様な個性があっても、最終的にそれをどうアピールするかは、やはり「相手がどんな人であるか」によって決めるべきです。

　そのためには、前述した通り、相手についての情報収集をすることがまずは重要です。その情報に基づき、自分のアピールの仕方について効果的な戦略をイメージするのです。

　たとえば転職の現場でも、転職希望者の特徴をよく観察した上で、実際には求人案件の紹介を行っていくものです。

「どのようにアイデアを持ちかけたらいいか」

「この人はどんな情報を必要としているのだろうか」

「ファーストアプローチは、どうしたらいいだろうか」

と、考えるべきテーマは山積みです。

　ここで、最初に確認するのは、性別、年齢、家族の有無など、その人物を取り巻く環境や本人の簡単な属性などの基本情報です。次にその人が現在果たしている役割、過去の履歴などを確かめます。

　そして最後に、その人の人生を象徴するような最大の特徴は何か、など経歴書をより細かく分析して、本人の性格やこだわり、そして人物像そのものに迫ります。

　たとえば、五十代半ばの男性で、大手企業の子会社にて役員をしている人がいたとします。役員を退任することになったことを機会に、転職活動を始めたいといいます。これまでに転職経験がなく、明確に次の仕事をイメージできているわけでもないケースです。

こんなとき私がまず心がけるのは、①相手の心情をよく理解すること。②転職市場の現状を相手に伝えること。③具体的に何がギャップであるのか、そのことについて話し合うことです。そして、そのギャップを埋める手立てがあるのか、何か難しいことがあるとしたら、それは具体的に何であるのか、さまざまな事例を示して、できる限り率直に、厳しい話も遠慮なくするようにします。


一般に五十代で、さらに大手企業グループの会社で役員を務めてきたような人は、他人にキャリア相談をすること自体でも、自分のプライドが傷つくように感じることが多いと思います。このため、本当に必要な情報を聞き出せない場合も多々あります。

そこで考えるべきなのは、**「自分がどう接すれば、相手は信用してくれるか」**ということです。

「私は若輩者ですが、専門知識は持っています。ですから、精一杯サポートさせていただきます」

というアプローチがまずは無難でしょう。

その上で次のように、一歩踏み込んでみます。

「二十代の頃、私も大きな会社で働いていたことがありました。〇〇さんは私からすれば大先輩でいらっしゃいますが、たまたま私は若いときに会社を辞めて、それ以後、人材紹介の世界で経験を積んでまいりました。今回はその立場から、〇〇さんにとって有益となるような情報を提供させていただきたく思います」

あまりへりくだりすぎず、前置きもほどほどに本題に入ってしまう。

変に「あなたと一緒ですよ」「お気持ちわかります」と擦り寄っていくのではなく、「自分は△△のことでお役に立てる」というように、自分の熱意を具体的に示して本題に入っていくほうが、「プロの仕事」として受け入れてもらいやすいものです。

このように、相手に応じてファーストアプローチのスタンスを決め、段階を踏みながら、相手に近づくということは、とても重要なことです。

相手の価値観を一度受け入れるというアプローチはとても効果的

相手の心を動かすためには、自分の価値観を押しつけるのではなく、相手の価値観を一度受け入れるアプローチもとても効果的です。

重要なのは、どのポイントを突けば相手の態度が軟化するかを探ることです。実際そこさえ押さえてしまえば、交渉が難しいと思われる相手とも、案外スムーズに話ができることが多くあります。

たとえば家族で車を購入することを事例として考えてみましょう。大学生の息子は、女の子にモテそうだという理由で「2ドアのスポーツカーを購入してもらいたい」と思っています。一方で父親は「家族でゆったりと乗れる4ドアのセダンを買おう」と思っているとしましょう。

息子としては「4ドアセダンなんてオジサン臭くて格好悪いから、せめて2ドアにしようよ」と主張しますが、父親はかえって「2ドアなんて使い勝手が悪いから、そんな車はいらない」と反発するかもしれません。

あげくの果てに「オレの金で買う車なのだから、文句を言うな」という話になり、こういう主張ばかりのアプローチでは結局交渉が失敗に終わるでしょう。

もう少し別のアプローチをした場合のことを考えてみましょう。

「4ドアセダンも確かにいいよね。でも、家族全員で車で旅行に行くことは年に一回だけだし、そのために五人乗りの高級セダンにこだわらなくていいんじゃないのかな。それより、たまにはお母さんと二人で楽しめる車も面白いんじゃないの。若い頃はスポーツカーに乗っていたんでしょ。もう一度あんな気持ちでドライブできたら、楽しいと思うな。僕はたまに貸してもらうくらいでいいから、お父さんとお母さんが以前デートしたときに乗っていたという、あの2ドアの車の新型モデルを検討してみたら?」

伝え方が少し変わっただけで、結局は2ドアのスポーツカーを提案しているのですが、このように提案してみれば、父親も息子の意見に少し耳を傾けようという気になるのではないでしょうか。相手の意見を一度受け止めた上で、心に刺さるメッセージを加えて提案したことで、この父親は心が動くかもしれません。

おまけに母親も巻き込んで、「そうね。若い頃はよくドライブしたわね」などと言ってもらえれば、父親も「ちょっと考えてみるか」という気持ちになるでしょう。

あとは、息子が母親のサポートを促し続けることができれば、最終的に自分の望む車を手に入れることができるかもしれません。

さらに別のケースも紹介しましょう。

たとえば元上司のAさんに、以前部下であったBさんに対する評価を聞く場合です。

「Bさんが今度転職をすることになったので、彼がかつての職場でどのように評価されていたかお聞きしたいのですが」と持ちかけたとします。こんな場合、たいていは「やる気があるし、非常に彼はいいよ」という社交辞令的な情報しか出てこないものです。

しかし、ここで「評判通り、A部長はお優しい方ですね」と相手のキャラを受け止め、「Bさんは今後もっと成長する人物ですし、そんなBさんに、A部長のほうから何か今後のためのアドバイスをお願いできますか」というように、質問を変えてみてはどうでしょうか。

この場合、直前までは社交辞令的なコメントしかしていなかったAさんが、急にコメントを変えることは多々あります。

「うーん、彼は少し辛抱強くないところがあるんですよね。もっと忍耐強くなれば、さらにいい仕事ができると思うんだけど……」

このケースでは、かつての上司だったというAさんのキャラクターを一度肯定した上で、「アドバイスしてほしい」と頼んだことで、Aさんのプライドがくすぐられ、本音が聞けたというわけです。

論理で論破して相手を動かそうとするより、**相手の立場を考えて「人の気持ちをほぐすツボ」を押してしまったほうが、結果的には目的がかなうもの**なのです。

Chapter 03

「相性が合わない上司」を「その気」にさせる方法

どんな人間関係も、相手との相性しだいで状況は異なってくるものです。

たとえばA社で人間関係をうまく運べた人が、メンバーが違うB社でも人間関係を上手にこなせるとは限りません。

C部署で成功した人が、D部署では厄介者扱いされてしまうといったことも現実にはあります。あるいは上司Eのもとで楽しく仕事に取り組んで結果を出していた人が、上司F

の下に配属されたとたんにパフォーマンスが悪くなることもよくあります。

このように上司とうまくつき合えるかどうかは、本人の業績や仕事のやりがいにとても大きく影響してしまうものです。

部下が上司を選ぶことは原則としてできませんので、配属されたときの運にまかせるしかないのです（上司を慕って転職しても、その上司が辞めてしまうこともよくあることです）。

だからこそ**ビジネスマンは仕事をしていく以上は、どんな場合でも上司とうまくやる方法を見つける必要がある**のです。

上司を「その気」にさせることをいわゆるゴマをすることと考えてしまい、「気乗りがしない」「そんな気になれない」という人もいるかもしれません。しかし、「上司を説得することは不可能。自分にはとても動かせない」と考えた瞬間に、あなたはその職場で**今後、「自分のやりたい仕事」をする権利を実質的に放棄したことになる**のです。

それでは納得がいかないのではないでしょうか。

ではここで、いくつかの上司のタイプを取り上げ、どうすれば上司を「その気」にさせることができるかについて、個別に考えてみたいと思います。

いままで紹介してきた交渉術やコミュニケーションの取り方とは違い、単なるテクニック一辺倒の交渉術に感じるかもしれませんが、毎日顔を合わせる上司だけに、ここでは時間をかけて相手を動かすコミュニケーション術よりも、かなり楽に事が運ぶであろうテクニックを紹介したいと思います。

(1) 熱血タイプの上司

以前ほど多くはないようですが、それでもいまだに少なくないのはノルマや目標の達成に向かって、部下をグイグイ引っ張っていくような強いリーダーシップを打ち出そうとするタイプの上司です。

上下関係に厳しく、細かいことも報告しないと怒り、どんなことでも自分で判断したがるこのタイプは、いまどきの若い世代にとって、最も「やりにくい上司」といっていいかもしれません。

しかし、物は考えようで、たとえ煩わしくはあっても、上司が決めたルールにさえ従えば、このタイプの上司とはうまくつきあえます。

ポイントは「自分は部下のやっていることをすべて把握していたい」という上司本人の

希望に対して、忠実にそれを守ることだけです。

このタイプの上司は、部下の勝手な行動、つまり予測できない事態が起きることを最も嫌いますので、報告・連絡・相談をきっちりとすることが大切です。

つまり、自分の思うように仕事をする場合でも、常に「ご意見をお伺いしたいのですが」「相談してもいいですか」という姿勢で上司のアドバイスを求めつつ、状況の報告をマメに入れればよいのです。

部下「課長、いまお時間よろしいでしょうか？　例のA社の案件で相談をしたいのですが……」
上司「どんなことだ？」
部下「いまA社の案件は、最終段階に来ています。そこで最後のプレゼンテーションの前に先方をもう一度訪問し、最新情報を収集してきたいと思いますが、訪問後に課長の時間をもう一度いただけませんか？　いかがでしょうか？」
上司「いいよ、じゃあまずは頑張ってこいよ！」
部下「わかりました、頑張ってきます。いつもサポートありがとうございます！」
上司「いや、いや。また困ったことがあったら、何でも相談してくれよ！」

　このように、熱血タイプの上司を動かすには、自分のやりたいように方針を立てて、**最終的には「判断を上司に仰いだ」という形にするのがコツ**です。

　熱血タイプの上司は、よく**相談に来る部下を「かわいい部下」と感じる**傾向がありますから、何でもないことでも「相談した」「アドバイスを受けた」という形にすればするほど、上司を「その気」にさせることも容易になるのです。

⑵ おまかせタイプの上司

　部下は部下で自由にやり、上司は上司で自由にやるというタイプです。このタイプの上司は基本的には、仕事は部下にまかせてくれます。意外とこのタイプの下では部下は働きやすく、上司を「その気」にさせなければならない瞬間も少なくて済みます。このタイプの上司の下では、自由に仕事ができる雰囲気が生まれやすいとも言えます。

　しかし一方で、このタイプの上司は基本的に部下を成果のみで判断する傾向があります。部下が自分流で仕事に取り組むのはよくても、もし結果が出なければすぐに見捨ててしまうという一面も持っているのです。「あいつが勝手にやったから」と、あまり部下のフォローをしてくれないのが特徴です。

　ですから、このタイプの上司には**積極的に自分の仕事をアピールして、できるだけ協力**

を得られるよう巻き込んでいくことが必要です。

部下「課長、例の新しい商品のパンフレット、こんな形で案がまとまりました」
上司「そうか、まあ、まかせたよ」
部下「ただ、パンフレットの表紙だけが、チームでも意見が分かれていて。このA案とB案のどちらかなんですが、課長はどっちがいいと思います?」
上司「えー、どっちでもいいよ。勝手に決めてくれよ」
部下「そんなことおっしゃらずに…。課長はセンスがいいって、女性スタッフたちの間でも評判になっているんですから……」
上司「うーん。まあA案は無難だけど、若い層に受けたほうがいいんだろう? B案のほうがお洒落な感じで、オレはいいと思うけどな……」
部下「そっちですか?」
上司「なんだ、意外か?」
部下「いやじつは僕らはA案を押したんですけど、若い奴らが結構B案を押しているんですよ」
上司「じゃあオレが言うことは間違いないよ。B案でやってみたら!」

部下「本当ですか？　じゃあうまくいったら、プロジェクトチームの打ち上げに招待しますよ！」
上司「よし、約束だからな！」

このように仕事に巻き込んでさえしまえば、上司も、その仕事のことを気に留めてくれるようになります。

基本的には仕事ができる上司によくいるタイプですから、協力を得られれば、あとあとメリットも大きくなることでしょう。

(3) 勘違いタイプの上司

「熱血タイプ」「おまかせタイプ」には、上司の役割そのものはきちんとこなしている人が多いものです。人間的に合う、合わないはあっても、部下として基本的には一緒に仕事をやりやすいと感じる人も多いことでしょう。ですからある意味これらのタイプは「いい上司」といってもいいでしょう。

しかし、これからご紹介する二つのタイプ、「勘違いタイプ」と「無責任タイプ」は典型的な「難しい上司」であり、その職場で部下が成果を出すにはかなりの工夫が必要になります。

まず「勘違いタイプ」ですが、一言で言えば、これは権力をカサにして「威圧的」な態度で部下に接するタイプです。具体的には部下の提案をつぶし、新しい提案を嫌います。要は上に弱くて下に厳しいといった態度を取るので、部下はこの手のタイプには苦労することでしょう。

そこで、このタイプの上司には**「相手のメンツをつぶさずに相手を巻き込む」ことが重要**となります。

部下「課長、この前提出した企画ですが、いかがだったでしょうか？」
課長「ダメだね、あれじゃ。会議に提出できるわけないよ！」
部下「そうですか、この前課長がおっしゃっていた『発想力がない！』というお言葉に刺激を受け、少し思い切った企画を出したのですが、どの点がダメだったのでしょうか？」
課長「ああ、そうだったな。ただな、発想だけじゃダメだ。ちゃんと根拠もなければな！」
部下「そうですか。マーケット分析の表も添付したのですが、それだけでは説得力に欠けるということですね。ほかにもいい資料がもう一つあるので、それをつけてもう一度、本日中に提出するようにします。他社に先んじられてしまったらもったいないですからね」

課長「よし、グズグズしてないで、早くやれよ！」

もちろん、この課長は、最初から部下の提案に期待していなかった可能性もあります。しかし部下は反論をせず、**「あくまで上司の意向に従っている」ことを強調する**ことで、実質的には上司に判断を迫っているのです。

このように相手を「動かざるを得ない状態」に持っていってしまうことが、このタイプの上司には有効でしょう。

(4) 無責任タイプの上司

上司としての責任を完全に放棄してしまっているタイプです。

このタイプの人は、言うことがコロコロと変わったり、言ったことを忘れてしまったり、指示があいまいだったりと、さまざまな欠点があります。

ハッキリいってしまえば、このタイプの上司は「その気」になることがめったにありません。大事なことは**中途半端に上司に頼らず、自分がまずは責任を負って物事を前に進め**

ていくことが、さまざまな問題の解決につながります。

部下「課長、今回の案件ですが、最終的にはこの形で進めようと思っているので、決裁をお願いします」

上司「いま忙しいんだよ、あとじゃダメかな？」

部下「○○部長にも急《せ》かされていますし、ほっとくとまた問題になりますよ。私のほうから部長にも言っておきますから、とにかくハンコだけはお願いします」

上司「そうか？　じゃあ○○部長のほうは、うまくやっといてくれよ。何かあっても、オレは責任を負えないからな」

部下「わかりました。よろしくお願いします」

自分で動かないタイプの上司ですから、**とにかくこちらが積極的に行動をとって、物事を前に進めてしまうのがコツ**です。その上で本人の責任逃れを防ぐために、**さらに上の上司やお客様など、この上司にとって頭が上がらない人たちを巻き込んでしまう**ようにすると効果的でしょう。

Chapter 03
「その気」になる人が多くなれば「その気」にならない人も動くもの

上司の場合もそうですが、社内やチーム内に「その気」にならない人が少数いたとしても、それ以外の全員が「その気」になれば、それにつられて「その気」にならない人たちも動かざるを得なくなります。

たとえば部内の有志が中心になって「メタボリック対策のために、毎週木曜日の仕事帰りに、皇居の周りをジョギングしよう」という企画が決まったとします。

当然ながら、「そんなのいやだよ、面倒だし」と無関心な人もいるでしょうが、部署の半分くらいの人がみな着替えて走り始めるようになると、「自分も行かなきゃいけないかなぁ」とだんだんと感じる人が増えてくるようになります。

そして最初は不参加を決めていた人たちでも、参加者の互いの交流が盛んになり、会社の外でジョギングの前後にいろいろと情報交換をしている姿を見ると、自分だけ置いていかれている気がするようになるでしょう。

その結果、次の週からはジョギングシューズを持ってきたりするようになるものです。

このように、最初は**「その気」になってくれない人がたくさんいたとしても、あまりそのことは気にしないで、あなたに共感してくれる仲間をどんどん増やしていけばいい**のです。

たとえば部下全員で要望を出しても、「決めるのはオレなんだ」と、それを無理やり押さえつけようとする上司もいると思います。

しかし部下たちが、他の部署や、より目上の役職の人、役員などと、ジョギングのような非公式な場所で交流するようになると、やがては組織の壁を越えて、多くの立場を超えた人たちのコミュニケーションが取れるようになります。

そうなってくると、やがては上司本人も部下たちの個人レベルではない要望を認めざるを得なくなります。

つまり、**多くの異なる立場の人を巻き込んで味方につければ、それだけ自分の要望がかなう可能性も高まるということ**なのです。

Chapter 04

相手の心を動かす思考のフレームワーク

Chapter 04

結局、何があなたの「信頼」に結びつくのか

ビジネスマンが相手を動かすに当たって一番大切な周囲からの「信頼」度を高める近道は、優先順位の高い職場の重要課題の所在を突き止め、それを具体的に解決していくことです。

とはいえ、この「問題解決」という言葉はややあいまいなニュアンスも持っており、何をもって問題を「解決した」と見なすかは、判断が難しい場合が往々にしてあります。

一例として、ある経営者が「社員のやる気が足りない」ということを問題として認識していたとしましょう。この場合、社員たちがどのようになれば「やる気が出た」と判断できるのでしょうか。

たとえば社員たちが積極的に新しい提案をするようになれば、それをもって「社員のやる気が出た」と認めることができるのでしょうか。あるいは売上が増え、既存商品のシェアが少しずつ上がっていけば「社員のやる気が出た」と判断するべきなのでしょうか。

実際、自分への信頼や評判を高めるためには、職場にある問題を「段階的に」解決して

みせることが効果的です。

たとえば、社員の仕事に対するモチベーションが低いことが大きな問題であるならば、具体的な問題と感じる出来事の一つひとつを洗い出してみることが大切です。

「毎日必ず職場に遅刻してくる人がいる」

「残業代をつけられる部署と、つけられない部署が存在するのは不公平だ」

「仕事の割り振りが不均衡であり、忙しい人に仕事が集まりすぎている」

実際は、こうした一つひとつの問題があることが職場のモチベーションを下げている原因です。このため、それぞれの小さな問題の一つひとつを、前章までにお話したさまざまなアプローチを駆使して、確実に、そして段階的に解決してみてください。

その結果、周囲の人はあなたの問題解決の能力を認めるようになるでしょう。つまり、あなたは期待を裏切らない人として信頼度が高まるのです。

もう一つ大切なことがあります。それは**相手の期待を常に上回る結果を出すこと**で、そのコツは**常に「お得感」を出すように心がけること**です。

一つの提案をする予定なら、もう一つ追加してみること。一時間のプレゼンなら、あと十分、最後に延長して内容をまとめたりしてもいいでしょう。

サービスがいいことや、いつもより特別な値引きをすることなども、「お得感」を出すのに効果的です。

ヘッドハンターの場合ですと、このようにして信頼の評判が高まれば、継続的に仕事をもらえるようになるだけでなく、さらに別のクライアントを紹介してもらえることさえもあるのです。

Chapter 04
コミュニケーションはギブ&テイクを意識する

この「お得感」ですが、何をもって「得」と感じるかはもちろん人によって異なります。

つまり文字どおり「損得勘定」に敏感な人もいれば、「一生懸命やってくれた」ということに感動してくれる人もいます。

できるだけ多くの情報を提供したり、常に実践的な提案を行ったりすることで、「このヘッドハンターはよくやってくれる」「このヘッドハンターは非常にコストパフォーマン

郵便はがき

料金受取人払郵便

新宿局承認

3434

差出有効期間
平成22年9月
30日まで

160-8791

844

東京都新宿区新宿1-26-6
新宿加藤ビルディング5F

株式会社ナナ・コーポレート・コミュニケーション

Nanaブックス 行

ご住所 〒□□□-□□□□		
(ふりがな) お名前		男 ・ 女 年齢 歳
電話番号 ( ) −	ご職業	
Eメールアドレス		
いつ、どこで購入されましたか? (月 日) (書店名)		

Nanaブックスの情報はhttp://www.nana-cc.comまで!

Nanaブックス愛読者カード

面白くてタメになる本を世に出すために、あなたの貴重なご意見・ご感想を参考にさせてください。

©花くまゆうさく

書名	

① 本書を何でお知りになりましたか？

1. 書店で　　2. 人にすすめられて
3. 広告で（新聞・雑誌名　　　　　　　　）　　4. アマゾンで
5. 新聞・雑誌・ブログ等の書評で（新聞・雑誌・ブログ名　　　　　　　　）

② 何にひかれてこの本を購入されましたか？

1. 表紙のデザイン　　2. 書名
3. 著者名　　4. 出版社名
5. 内容　　6. 中の編集・デザイン
7. その他（　　　　　　　　）

③ 本書ついてのご感想

④よく読まれる新聞・雑誌・メルマガ・ブログは？

⑤ 最近読まれた本を教えてください

⑥今ご興味のあるテーマや人物を教えてください

※ご感想を匿名で広告等に掲載させていただくことがございますので、あらかじめご了承下さい。

スがいい」という評価が確立していきます（ヘッドハンターの中には「出し惜しみ」をする人も多いのですが、やはりそういうタイプの人はあまり評判がよくありません）。

ギブ&テイクという表現がありますが、これは「ギブ」があって初めて「テイク」が成り立つ、ということを意味してもいます。

実際、コミュニケーションの取り方においても、ギブ&テイクの順番で進めていくとうまくいくことが増えるのも事実です。

つまり、**最初に情報をギブ（与える）することによって、相手に「お得感」を持ってもらうことが、その後のコミュニケーションをスムーズにする**ということです。

とくに相手からもし情報を聞き出したいのなら、まずはこちらから情報を開示してしまうのが効果的です。たとえば、こんな感じです。

「最近、〇〇の業界では、△△の事例のような、構造上の問題が多く見られています。たとえば海外の某社などは、大きなサプライチェーンの改革に取り組み、利益率を大幅に上げました。その辺の御社の取り組みの状況をお教え願えますか？」

「最近のヒット商品には、エコを意識した環境対策型のものが多くなっています。その辺の状況も踏まえ、御社の商品開発の最近の取り組みについてお教え願いたいのですが？」

このように、一つのテーマを取り巻く現状をありのままに提供し、話題の方向性を決めることで相手は答えやすくなるのです。つまり、**状況認識の共有から来る安心感**の中で、良好なコミュニケーションが取れるようになるというわけです。

Chapter 04 自分の専門性の意外な開発法

ヘッドハンターの仕事は常に、クライアントとの信頼関係があって成り立つものです。一人のプロとして、頼まれた仕事はできるだけ引き受けるべきなのですが、それでも仕事の品質を守るために気をつけるべきポイントがあります。

第一には、報酬の低すぎる仕事は避けるべきということ。具体的には、**不本意なディスカウントはしない**ということです。

景気の悪い時代は、どんなに安くても仕事を請け負うべきだと考える人もいるかもしれません。

しかし、「誰がいくらで仕事を引き受けたか」という話は、時間とともにうわさとして広がっていくものです。「あちらの会社では○○円で引き受けたのに、うちではなぜ高いのか？」ということになれば、信用問題につながりかねません。実際、フィーを下げすぎることは、自分の市場価値を下げることにほかならないのです。

第二には、**自分の専門性を発揮できない仕事はできるだけ引き受けない**ということが重要です。

依頼があったからといって、専門外の分野の仕事を引き受けてしまうことは、ビジネスマンにとっては結果的に大きなマイナスにもなります。ヘッドハンターという仕事でいうと、与えられたテーマに精通していないがゆえに、金額に見合ったサービスを提供できなかった人には、声がかかることは二度とないものです。

あなたがいかなる職業の方であっても、「引き受ければお金になる」という誘惑に負けて、やみくもに仕事を受注するべきではありません。

私がヘッドハンターとして心がけていることは、自分の専門性を発揮できる仕事を開拓し、あとはそこから近いところで派生して生まれた仕事を引き受けることです。

結果として、取り扱う領域がいい意味で絞られることで、仕事の効率はグンと上がるものです。

また、そのような自信のある専門分野の仕事であれば、お客様に満足してもらえる可能性が非常に高くなるのです。

「△△と言えば○○さん」という認知も高まれば、これはいい自己ブランディングにもなるでしょう。

このように、**自分の専門分野とその周辺の仕事に集中していれば、自分の周りに好循環が生まれる**ようにもなるのです。

この考え方は、転職する人のケースにも当てはまると思います。「何でもできます」というアピールは、逆を言うと「何もできない」と言っているようなものであり、転職活動中の方が気をつけるべきポイントでもあります。

かつて私はソフトウェア業界で働く人の転職の相談に乗ったことがあります。

その方は会社に命じられた異動の話を何度も断り続けていました。会社は事業の多角化で、優秀なプログラマーだった彼を別事業でも活用したかったのですが、本人はそれを了承せず、あるソフトの分野で卓越した専門家になることにこだわったのです。

最終的に、その方は別会社から好条件の提示を受けて、同じ分野で業績好調な競合先企業の開発部長として転職に成功し、自分の願望を見事に実現しました。

もし、会社の多角化の意向に沿って、専門性の異なる中途半端なキャリアを築いていたりしたら、当然ながら結果は違っていたでしょう。

さて、専門性というと、狭い分野に固執して自分の世界を狭くするような印象を持つ人もいるかもしれません。しかし、ビジネスマンの間にスペシャリスト志向よりもジェネラリスト志向がいまも根強く存在するのは、一つの会社で長期雇用されるという前提があった時代の産物なのです。

いまのような時代に、**とても大切なことは「プロフェッショナルかどうか」という、この一点です。**

たとえば私は仕事柄、人事部や総務部の人によく会います。

かつての人事部長と言えば、とくに大企業の場合、社内で出世コースに乗っている人が一定期間務める管理職のポジションというイメージしかなかったかもしれません。

しかし現在では、人事でプロフェッショナルと見なされているのは、人事実務に詳しく、さまざまな経営戦略を人事の立場から経営サイドに提案できるタイプの人たちです。必要に応じて外部の人材コンサルタントなどを上手に使って、さまざまな制度改革や組織改革に取り組んでいる人たちを指します。

むろん横のネットワークをつくっている分、専門性の高いこれらの人は、会社外部での評価も高くなります。いざというときは、専門性を生かして自分自身を他企業に買ってもらうことさえ可能でしょう。

いまの時代、**ビジネスマンとして生き残るために大事なことは、どんな分野でもいいから、とにかく「プロフェッショナル」になること**です。

そのためには、自分自身の市場価値を高めていくといった視点がとても重要なのです。

Chapter 04

なぜ断るべき仕事と選ぶべき仕事が存在するのか？

自分自身の専門性を高めるために重要なことは、**仕事に対する自分なりのテーマを定め、それを最優先して自分の仕事を選んでいく姿勢**です。

もし可能であるなら、そのテーマを上司や周囲の人にもしっかり説明して、「それが会社の利益にもつながるものである」と納得してもらうのが望ましいでしょう。

上司から「よし、お前は、そのテーマをとことん追究してみろ」とお墨つきをもらえたなら、その後の仕事が非常にやりやすくなります。

とはいえ、会社にいればやはり「やりたくない仕事」もあるでしょうし、自分がキャリアを積みたいテーマとは無関係な指示が、気まぐれな上司から飛んでくるようなこともあるかもしれません。

とくに上司の中には、部下であるあなたを常に「下働き」のように扱う人もいるでしょう。そのような環境にいることで、「会社員だから、自分で自由に仕事を選ぶことはできない」と半ばあきらめている人は意外に多いものです。

しかし、本当に仕事を選ぶことはできないのでしょうか？

ここであなたに認識してもらいたいのは、「どんな会社で働いていても、自分は仕事を選べる存在である」ということです。そのために重要なのは、「仕事を断る」という考え方です。

サラリーマンだから、上司には逆らえない。仕事を断ったりしたら、あとで大変なことになる。

そう思う人もいるかもしれませんが、上司の言いなりになるのを防ぐ方法はいくつかあります。

たとえば、上司から意に添わない仕事の依頼があった場合、「いま、○○の仕事に取り組んでいますが、新しい仕事を担当する場合、○○の仕事を終わらせる期限を延ばしてもよろしいでしょうか」と言うようにすると効果的です。

あるいは「新しい仕事ですが、自分なりに△△の形で取り組むことは可能ですか？」と仕事のやり方について提案してみるのもいいと思います。

その際に**大切なことは「拒絶」しないこと**。「前向きで柔軟に」解決すること、そして「感情的」にならないこと。最終的には、他の仕事との間で優先順位をしっかり見極めることも重要です。

ここで上司と部下のコミュニケーションによくあるケースを例に、もう少し深く考えてみましょう。

1　あなたにはAという本当にやりたい仕事がある
2　上司はBという、いわば「下働き」に近い仕事をあなたにやらせたがっている

このような状況は世の中のどの職場にもよくあることですが、多くの場合、Aの仕事もBの仕事もどちらも抱え込んで苦しんでしまう人が多いようです。そのため残業が増え、

時間の使い方に非効率が目立つようになり、結果としてパフォーマンスが悪くなります。

こうした悪循環に陥らないために、仕事をうまく断るスキルはとても大切になります。

たとえば、上司に次のような提案をしてみるのはいかがでしょうか。

「いま、A案件に取り組んでいます。あと二、三日はかかる仕事なのですが、リクエストいただいたB案件とどちらを先に終わらせたほうがよろしいでしょう？」

上司の多くは、Aという仕事の存在や、それがどのくらい時間がかかるものかについて、十分に把握していないものです。

このため、あなたの申し出を聞けば「それならばAの仕事に専念しろ。Bは他の人にやらせよう」ということになるかもしれません。

Chapter 04

「あなたしか解決できない」と相手に言われるためには

自分自身の専門性をつくっていくには、ある仕事にただ漫然と長く携わっていればいいというものではありません。その携わった時間によって蓄積された経験や知識を、どう説得力のあるスキルとして相手を動かすために提示できるかが重要になってきます。

たとえば転職を支援するヘッドハンターの場合、一定の年数のキャリアがあれば、クライアント数やこれまでに何人の転職サポートに成功したかという実績をアピールすることは簡単ですが、私はそのやり方に違和感を感じています。

「過去に一八〇〇件の求人案件に取り組んできた」と言われても、いま目の前にある求人案件にしっかり対応できないヘッドハンターからは、求人企業も転職希望のビジネスマンも離れていくことでしょう。

それよりは、「過去にあなたと同じような悩みを持つ人がいましたが、そのときは〇〇と考えて紹介をしたらその方は転職に成功しました」「あなたと同じ業界の人で、△△のようにキャリアアップを実現した人がいますよ」と具体的な事例を紹介した上で、親身に相談に乗ってくれるヘッドハンターがいれば人は安心してついていくものです。

経験をアピールするときのポイントは、過去に自分が達成した実績を押しつけることではありません。

あくまで過去の具体的な事例をもとに、**あなた独自の視点でどのように問題解決をしたか、その具体的内容を提示すること**なのです。

それはあなた自身の経験、そして価値観に基づいた**あなたにしかできない提案**だと言えます。

その結果、「いま自分が抱えている問題は、この人に解決してほしい」と相手に感じさせることができれば、そこに新しい縁が生まれるわけです。そうやってオリジナリティあふれる、あなたらしいサービスを繰り返していけば、「この仕事はあの人にまかせるのが一番だ」という心証や信頼が多くの人たちに生まれ、あなたは自分を確固たるブランドとして確立していけることでしょう。

さて、ここであなた独自の視点を養う方法を二つご紹介しましょう。

その一つは**「定点観察」**です。

たとえば、新規事業として携帯コンテンツの開発を始めるとしましょう。このとき、「私は日本で携帯電話の普及が始まった頃から、携帯コンテンツに注目してきた」という人がいたら、関係者の誰もが、ぜひ話を聞いてみたいと思うことでしょう。

あるジャンルを一定の期間、**定点観察していると、その変化の様子を詳しく把握できるもの**です。

変化が激しく、常に新しいものが生まれては消えていく社会においては、どんな切り口であっても、継続して観察すること自体に価値が出てくるものです。あなたしか語れない切り口や物の見方を持てるようになれば、あなた独自のオリジナリティにあふれた提案が生まれるようになるでしょう。

独自の視点を持つためのもう一つの方法は、**立場の違うさまざまな視点から物事を考えること、つまり「複眼視点」を持てるかということ**です。

たとえば転職活動につきものである面接を例にとってみましょう。

面接を受ける側（転職希望者）の視点で見れば、「想定される質問は何か」「面接官はどんな人だろうか」「求人企業が求めている人物像は何か」というようなことが気になります。

逆に面接をする側（求人企業）の視点で見れば、「どのような質問をすれば、より具体的に実績を話してもらえるだろうか」「初めて面接官をしてもらうが、彼で大丈夫だろうか」「候補者の人物像を知るためには、どのような質問をするのが効果的だろうか」となるわけです。

このように、人間は立場が違えばおのずから物のとらえ方も異なってくるものです。ビジネスシーンにおいてはいくつかの角度から物の見方をすることができる複眼視点があれば、きっとあなた独自の考え方ができるようになることでしょう。

Chapter 04
ヘッドハンター直伝の「説得力」とは？

説得力のあるヘッドハンターは、職場のリアルな声をとても重視するものです。ときにその意見が経営者の物の見方と異なっていたとしてもリサーチを続け、現場の声をうまく取り込んで自分のオリジナルの提案を生み出していきます。

つまり、難しい理屈よりも、実際に生で起こっていることを具体的かつストレートに述べたほうが、相手には伝わりやすいものです。

これはすべての仕事に言えることで、**説得力を高めるには、多くの具体例を集めることが有効**なのです。

さて、もう一度、面接の例で考えてみたいと思います。優秀な人物を見抜く面接官は、転職希望者が具体性のない観念的な話をすることを事実上嫌がります。

さらにベテラン面接官は転職希望者が事前に用意してきた答えを聞くのではなく、その場で相手にテーマを与えて考えさせることをします。

一例として、こういう質問があります。

「あなたが過去に接した最悪の上司はどんな人物でしたか?」

変わった質問ですが、この質問の意図は何でしょうか。

転職希望者にとって、この質問にどう答えるかはなかなか難しいことのはずです。

「ああ、前の会社の上司は最悪でしたよ。人の話は聞かないし、きまぐれでしたし……」

これでは面接官の質問に答えたことにはなりません。よって不採用となるでしょう。

最悪な上司と働く会社生活ほど悲惨なものはないでしょう。だからこそ、面接官は相手がその難しい状況でどのように働いたのか、そしてそれをどう説明するか興味を持っているのです。

「前職の上司は部下の仕事に無関心な人で、結果だけ厳しく求める人でした。最初は戸惑い、たくさん失敗しましたが、基本的には放任されたために、自分で考えて行動する習慣がつきました。戦略もビジョンもなく、チームとしてはバラバラで、多くの同僚が辞めていきましたが、逆にそのおかげで、重要な仕事が自分に回ってくるようになりました。上司から学ぶ機会は得られませんでしたが、さまざまな仕事で試行錯誤する機会があったことで、自分の仕事の幅も広がり、自信がつきました」

このように、最悪の上司のもとという逆境下で何を考え、難題をどう克服し、サバイバルしてきたかを具体的に話せば、面接官の質問の意図に応えられた人物として採用となることでしょう。

念のため付け加えておくと、「すべての上司がすばらしかった」という答えでは、面接官は内心「そんなことはありえない」と納得しないものです。

このように、相手の意図を正確に読み、それに的確に応えることこそ、現代のビジネスシーンにおいて、ビジネスマンに必要とされる説得力なのです。

Chapter 04
トラブルは経験値を高める絶好のチャンス

ヘッドハンターや人材コンサルタントという役割は、何といってもクライアントが抱えている問題の「解決」にありますが、その中でもとくに「突発的なトラブルにどう対処できたか」によって、大きく評判が高まることがあります（もちろん、その逆もあるので要注意ですが）。

以前、こんなことがありました。ある企業に部長クラスの人材を紹介したところ、無事採用となりました。しかしその人の入社後一カ月とたたないうちに、採用した企業から重大なクレームが入ったのです。

先方側の結論は「彼を解雇する」というものでした。

聞くと、もともと本人はアルコール中毒の気があったそうなのです。むろん治療を受け克服してはいたのですが、家庭内で生じるストレスが原因で、再び少しずつ飲み始めてしまっていたとのことでした。

運の悪いことに入社後すぐに出張があり、一人になる機会があったことでお酒に手が出てしまい、その結果アルコール中毒が再発してしまったのです。

ミーティングの時間になっても本人が現れないため、同僚が心配して見に行くと当の本人は部屋で寝たまま。注意したのにもかかわらず、次の日も起きてこない。

また部屋に見に行くと、ベッドの傍らにはワインの瓶が転がっていたということでした。

これでは先々のことが心配されるということで、採用した企業は彼の解雇を決定するとともに、私のところにも「事前に、発見する手立てはなかったのか!」というクレームを寄せてきたのです。

実際のところ採用した企業も、面接でそのような徴候を察知していたわけではありませんでした。また彼を紹介した私の側も、本人の自己申告による経歴と一度の面談を通してだけでは過去の病歴まではわからなかったというのが実情でした。

むろん先方企業には丁重にお詫びしました。また早急に新しい人材を探して紹介したところ、幸いにもそれから三週間後には入社が決定しました。その方はいまでも精力的に活躍し、会社に大いに貢献していると聞いています。

この経験で学んだことは、**トラブルが起きた場合は、ことの深刻さにパニックにならず、問題を冷静にとらえて適切な行動を迅速にとることが重要**だということです。

実際のところ、紹介した人が過去にアルコール中毒であったという情報などは、つかみようがないものです。また、仮に本人から打ち明けられたとしても、個人情報の取り扱いには細心の注意が必要になってきます。

冷静に見れば、本人は病気を克服してから転職に臨んでいるのであり、数ある候補者の中から部長としての能力とリーダーシップを買われ、選考過程を勝ち抜いた人物です。

もちろん彼を企業に紹介したヘッドハンターは結果に責任を負う必要がありますが、このようなケースは一種の事故として捉えるのがいいでしょう。

実際にヘッドハンターとしてベテランになると、トラブルが起こることを想定して仕事をするようにもなります。

たとえば普段から何も火災の対策をしていなかったとすれば、火事になってから大騒ぎしても、なかなか鎮火できるものではありません。

しかし、常に非常用の水の位置を念頭に置いておけば、火災が起きてもすぐに火を消し止めることができます。同じように、あらかじめトラブルが想定できれば、最短のスピードで問題を解決することができるのです。

「トラブルをどう想定するか」については、残念ながら経験からしか学べません。

それには自分が現場で遭遇したトラブルと毎回真摯に向き合い、さまざまな人のアドバイスをもらいながら問題解決をし、**その過程で培ったスキルを一つひとつノウハウとして蓄積していくことが重要**です。

問題の種類ごとに、自己流のマニュアルのようなものを頭の中でつくってしまうことも大切でしょう。

ビジネスの現場では失敗を嫌がる人も多いものですが、失敗から学べれば「貴重な経験をした」ことになるのです。一つの失敗から学んだことを生かしていけば、もっと大きな失敗を未然に防ぐことにつながるでしょう。

上司や顧客に対しても、トラブルが起きたときにあなたのアイデアを伝えられるようにまでなれば、相手のあなたへの信頼度はかなりアップしたと言えるでしょう。

Chapter 04

資格で人を動かすことはできないもの

本章ではヘッドハンター特有の物の考え方を紹介しました。とくに、経験や実績をどうアピールすれば、相手に「その気」になってもらえ、相手が動いてくれるか、いろいろな側面から考えてみました。

ここで経験や実績に次ぐ、もう一つのアピールポイントである「資格」について考えてみたいと思います。

日本は資格取得熱の高い国ですが、残念ながら最近のビジネスマンにとって資格を持っていることは必ずしも信用の証しではありません。

たとえばヘッドハンターという仕事一つを取ってみても、かつてはＭＢＡ取得者が多く、大きな影響力を持っていました。

しかし現実は、ＭＢＡを持っているからというだけで、クライアントが身を乗り出してくれるわけではないのです。ＭＢＡの肩書きよりも経験や実績、そして企画力や実行力が伴えば、結局はクライアントに信頼してもらえます。

資格によっては、その取得によって自分の属する業界に対する理解が深まるものもあります。たとえば不動産業界で仕事をしたいなら、やはり宅建を持っていたほうが何かと便利です。

会社によっては社員に資格取得を奨励しているところもありますから、とくに新しい業界に挑戦するときなどは先に資格を取得しておけば、早い段階で仕事になじむことができるでしょう。実際、弁護士、公認会計士、税理士のように、その資格がなければ従事できない仕事もあります。一方、資格がなくても業務に熟練さえしていれば、仕事が成り立つ職種も多くあるものです。

現に法務の話だったら、熟練した法務部長のほうが新人弁護士よりもよっぽど実力があるケースもあります。少し話を聞けば「この法務部長さんのほうが信頼できる」ということもすぐわかるものです。

要するに、信頼を勝ち取るために「資格」を持つという発想や行動は、必ずしも効果があるわけではないということを知っておくといいでしょう。

Chapter 05

あの人と仕事したい！と思わせるコミュニケーション術

Chapter 05

仕事のゴールをどこに設定していますか？

転職を支援するヘッドハンターという仕事は、簡単に言ってしまえば転職希望者を「その気」にさせることで、企業への転職を促していくのが主な業務です。

では、紹介して入社した社員がことごとく半年くらいで退職してしまったとしたら、ヘッドハンターの場合は成功したと言えるでしょうか。

「あなたが紹介してくれた人は、まったく戦力にならない」と言われることはつらいものですし、こういったことが続けば、結果的に多くの顧客企業の信用を失っていきます。

しかし、半年後に転職した方が退職した場合でも「斡旋した人材が紹介先の企業に入社する」という仕事の目標は達成しています。それならば、仕事としてはすべて失敗とは言えないのではないか。そんな見方をする人もいるかもしれません。

ですが、これはやはり失敗なのです。一見成功に見えるとしたら、それはただ単に仕事のゴールを見誤っているだけなのです。つまり、ターゲットとした人材が転職を果たすことが、ヘッドハンターの仕事のゴールではありません。

ではこの場合、何が仕事のゴールでしょうか。採用する企業と入社するビジネスマン、双方の目的を考えてみればわかります。

なぜ企業がいい人材を採用したいかと言えば、新しい戦力を加えることによって、自社をより成長させたいからです。

ビジネスマンがなぜ転職をするのかと言えば、自分自身が望む仕事をしたいからです。その内実は収入アップであったり、自己実現であったり、職場の快適さや良好な人間関係を得ることなどさまざまですが、一言でいうと「いまの状態よりよくなりたい」というのが本音です。

企業とビジネスマンが目指していることを考えてみれば、**ヘッドハンターの仕事のゴールは、「双方を満足させること」であること**がご理解頂けると思います。

つまり、企業には「この人を採用してよかった」と思ってもらえればいいわけですし、ビジネスマンには「この会社に入ってよかった」と思われたいのです。

ここで紹介した私の仕事のゴールは、ヘッドハンターにという職種に限らず、他の多くの仕事においても同じです。

たとえばセールスマンは、「とにかくモノを売ることがゴール」と考えがちですが、決してそうではないはずです。

お客さんはその商品を買うことで、何らかの形で「いまより幸せになりたい」と思っています。商品を提供する側は**その気持ちにしっかり応えることで初めて、それに見合う対価をいただくことができる**はず。この商売の大原則は今も昔も変わりません。それゆえ、仕事のゴールも必然と定まります。

もしお客さんがとある商品を安値で買えたとしても、それが賞味期限切れのものだったり、産地を偽ったものであったりすれば、当然ながらお客さんの満足は得られません。「ウチの商品はとにかく安いし、たくさん売れるし、ものすごく儲かる」などと経営者がゴールをとんでもないところに設定しているような会社は、いずれ破綻してしまうでしょう。

もはや、ごまかしが通用しない時代なのです。

仕事の「成功」と「失敗」を判別するものはなにか？

Chapter 05

仕事における「成功」と「失敗」を判断するには、仕事のプロセスに着目してみると明確になってくるものです。

どんな仕事上の失敗も自分が設定しているゴールに向かっている上での失敗ならば、それは単にプロセスの一つであって、成功を阻害するものではありません。

結局、あきらめたり、中断したりしてしまうことさえなければ、仕事における本質的な失敗というものは存在しないのです。

過去に元巨人の桑田真澄投手がメジャーリーグに挑戦したことがあります。3Aからのメジャー昇格で、その努力は大変なものでしたが、結果は数試合に出場したのみで、選手生活に幕を閉じてしまいます。

これは果たして「失敗」なのでしょうか。

桑田投手は「メジャーへの挑戦で知り得たことを生かして、新たなる野球への夢を追い続ける」とコメントしています（『試練が人を磨く』扶桑社文庫）。

世間がどう思ったとしても、長い目で見ればメジャー挑戦は桑田投手自身が今後大きく成長するための単なるプロセスであって、単純に「メジャー進出に失敗した」と決めつけることはできないわけです。

前述しましたが、転職を支援するヘッドハンターの仕事でも、その仕事のゴールを「企業とビジネスマン双方を満足させること」として捉えれば、「成功」と「失敗」についての考え方もおのずから定まってくるものです。

たとえば、A社の依頼を受けて、B社の営業部長に声をかけたとしましょう。営業部長本人としてみれば、B社に不満がないわけではないけれど、いまはまだ転職のタイミングではないと判断したため、お断りがあったとします。

この結果だけをとってみれば、ヘッドハンターはA社の期待に沿えず、自分の仕事に「失敗」したと判断されるかもしれません。

しかし、ヘッドハンターの目的の一つが「B社の営業部長にも満足を提供すること」であったとしたら、

これは「失敗」にはなりません。しかしながら、こんな場合に確認しておくべき重要なことがあります。それは現在の勤務先であるB社に対して「どんな不満を持っているか」

ということです。「いまが転職のタイミングでないなら、果たしてどういう状況になったら、そのタイミングが訪れるのか」という相手の立場や気持ちを理解するといった行為が大切になってきます。

つまり、B社の営業部長の希望を理解できるようになれたならば、今回は相手に断られたとしても、近い将来、この人物をスカウトできる大きな可能性を残したことになるのです。

仮にB社の営業部長をA社に引き抜くことに成功したとしましょう。「B社の営業部長がA社に入社すること」だけをゴールにするのなら、採用が決まった時点で仕事は終了。祝杯の一つでもあげたいものです。

ところが、ひょっとしたら「聞いていた話と違う」ということで、B社の営業部長はA社に入社して間もなく、A社を退職してしまうかもしれません。

転職を支援する目的やゴールに、「本人を満足させること」も加わっていれば、ヘッドハンターとしては、その人が入社後にどうされているかということに、自然と気持ちが向くものです。

このような失敗の数々も、ゴールをしっかり目指した上で積み重ねるのであれば、それは失敗ではありませんし、やがて相互の「信頼関係」は強くなります。

その結果、その営業部長が新しい会社で人事権を持ったとき、今度は有力なクライアントとなり、人材の採用に関する相談を受けることもあるのです。

Chapter 05

人から信頼されるビジネスマンに共通する点とは?

仕事は常に人間関係の上に成り立つものです。相手に**信用してもらえることで、初めて人はあなたのために動き、仕事は二倍にも三倍にもはかどる**のです。

では、どうすれば相手に信用してもらえるのでしょうか。

じつはとても簡単な原則があります。それは**人から信用されたいなら「まず、自分が相手を信用する」ということ**です。

ただし、これは言うほど簡単なことではありません。なぜなら、相手の真の姿というのは、他人にはなかなかわからないものだからです。

信用していたのに、相手から裏切られるということも現実には多々あります。人間は相手に対して期待する生き物ですが、その期待が裏切られることは日常茶飯事です。

たとえば前章では、アルコール中毒を再発させてしまったビジネスマンの話をしました。元アルコール中毒であったと正直に話をすることは、転職活動を大変不利なものにするおそれがあります。通常、このような事実が表に出ることはまれなことです。

その結果、転職を支援した私は過去のアルコール中毒の履歴を知らないまま、有力な候補者として企業に紹介してしまったわけです。再発したことは本人を含め、関係者全員にとって不幸な出来事でした。

だからといって、このようなことがあるから、常に相手を疑ってかかり、信用しないというわけにもいかないのが、難しいところです。

最近では鬱が原因で会社を辞める人も相当増えています。ほかにも何かの持病を抱えている人もいます。これまで私がお会いしてきたビジネスマンの中には、もしかしたら、重度の疾患を持っている人や、実際に通院中の人もいたかもしれません。

しかし、本人がそれを口に出さない限り、ヘッドハンターとしては目の前の相手を一〇〇パーセント信じるスタンスで、仕事に臨むしかないのです。

それが「まず、自分から相手を信用する」という考え方に通じるわけです。

これは、おそらく患者を前にした医者と同じスタンスです。調子が悪くて病院を訪れる患者さんを相手に、医者は「薬は飲んでいますか」と聞くと思います。その際に「飲んでいません」と言われたら、とりあえず医者は患者を信じて最善の処置を考えるでしょう。ここでも、もしほかの薬を服用していた事実が隠されていたとしたら、処方する薬が副作用を起こし、大変な事態になることすら考えられるかもしれません、そんな緊張をともなう局面ですら、医師たちは患者を信じるのです。

たとえば、過去にそういった類の失敗をしたからといって、処方をためらったら、治療できるはずの患者も救えなくなってしまいます。

一般的に人は「相手にウソをつかれた」ことで失敗した経験をすると、目の前の相手に対して失望し、神経質になるものです。つまり、そう簡単に相手を信用するようなことはできなくなってしまいます。

しかし、相手を疑いだしたらキリがありません。あくまで目の前の相手が自己申告している内容を信じ、自分ができる最大限のことをやっていくこと、これこそが最終的に人から信用されるために重要なことなのです。

私が見てきた信用されるビジネスマンに共通する点は、まさにここにつきます。彼らはみな、基本的に人を信用するというポジティブな見方をする人たちです。

若いビジネスマンの読者の方々にも、ぜひ**「まずは相手を信用する」**というスタンスを持ってほしいものです。それは将来必ず自分に帰って来る、目に見えない財産となるでしょう。

Chapter 05

思い違いをしている相手といいコミュニケーションを図るには

相手がウソをついていないまでも、さまざまなビジネスシーンでは、自己評価と他者からの評価に大きな差異があるケース、つまり本人だけが大きく思い違いをしているケースがよくあります。

たとえば転職をしたい理由の代表的なものに、「会社が評価してくれない。お金を十分に払ってくれない」という理由を聞くことがあります。その主張が本当に正しいのかどうか、実際それを検証することは難しいものです。

というのも、そのような主張をする人の中には、確かに営業成績がよく、人物的にも優秀な方が多いのですが、客観的に見れば、会社が築き上げているインフラがあるからそれだけの成績を獲得できている場合もあるのです。また顧客の多くは、前任者から引き継いだというようなケースも多く見られます。

数字上の実績があり、本人がそのことに自信を深めていたとしても、他人の評価は複眼的であり、そうした成績優秀な人物でも、何かほかの決定的な問題があれば、低い評価になることもあります。

経験豊富な面接官はそれを見抜きますから、自信たっぷりで面接に臨んでも、その自信を突き崩されてしまうことが多いものです。

相手の思い違いを指摘すべきかどうか。これは結構難しい判断です。

本人が明らかに自分を過大評価している、いわば思い違いをしているときに、そのことを直接指摘することは相手との関係を悪くする可能性が高く、また逆に本人の自信を失わせてしまうおそれがあります。

そこで、本人を否定せずに何か別の方法で、相手に「気づき」を与えることはできないでものしょうか。

一つ効果的な方法があります。

それは「先方（の企業）が求めていること」が、「本人がアピールしたいと思っていること」と何がズレているのかということを、具体的にわかりやすく説明して本人にそれを理解してもらうことです。

転職の現場で起きがちな例をお話ししましょう。

「採用企業が望んでいること」と「転職希望者がアピールしたいこと」がずれているケースは往々にしてあります。

たとえば、ある会社が営業部長に求めていることは、営業部員を管理する能力ではなく、営業部長自らが商売を受注してくる力であることがあります。つまり、営業部長自らが部員のお手本となり、トップセールスマンとして、チームを引っ張ってほしいというのが、この会社の経営者が描く理想の営業部長像なのです。

にもかかわらず、営業部長の求人に応募する人の多くは、自分の管理能力をアピールする人が多く、その場合、転職は実現しないことが非常に多いのも事実です。

これも一般のビジネスシーンに置き換えてみても話は同じことです。、相手が何を求めているか、何を本当は言いたいのか、それを理解することは決して容易ではありません。当の本人が、本質的に自分が何を求めているのか、わかっていないケースもあります。

コミュニケーションの大切さに異論はないでしょうが、相手の理解を深めたい場合は**まず自分が何を求めているのか、明確に相手に伝えることを心がけることが第一歩**です。相手は、自分が思っている以上に、まったく違うことを考えているものであり、会話がかみ合わないままでは、期待するような成果を得られませんので、不満がたまることになります。職場では、このような不満が随所で起きているものであり、当事者である私たちが、一つひとつ、改善していくことが求められているのです。

コミュニケーション上手なヘッドハンターに共通するポイント

ヘッドハンターの仕事は、そのヘッドハンター個人の能力や見識、知識、経験がサービスのすべてである印象があります。実際、その中でもとくに求められるものは、**高度なコミュニケーション能力です**。

トップクラスのヘッドハンターといえども、いい顧客に恵まれ、たまたま新しい業種に目を向けたことが成功の要因だったりするなど、その意味ではかなり運にも左右される職種であることは間違いありません。

しかし、成績のいいヘッドハンターに必ず共通しているのは、**相手が何を求めているのかを上手に聞き出し、それに対して自分が何を提供できるのかを、相手に伝えることがとてもうまいこと**です。

説明が論理的であることや、スケジュール管理が上手なこともありますが、じつは「言葉の使い方」に特徴があります。

いくつか例を紹介しましょう。

ヘッドハンターは「……と思います」という自分の意見表明は、結論を述べるとき以外は、できるだけ避ける傾向があります。かわりに、「……という意見があります」「……という情報があります」というように、他者視点、一般的な見解として、まずは材料出し、情報提供をします。これは聞いている相手を安心させる効果があります。

クライアントは多くの客観的な情報に触れることで複眼的な視点を意識することができるため、その後に表明されるヘッドハンターの主張や意見に対しても、それを受け入れる準備や下地ができていることが多くあります。

クライアントの中には押しに弱い人もいるでしょうが、世間の人は必ずしもみなが押しに弱いわけでもなく、かえって強いメッセージに反発する人も少なくありません。やり手のヘッドハンターが陥る失敗はこの点です。

つまり、自分の意見に自信を持ちすぎたため、押しつけが強くなってしまい、仮にその意見が正当な根拠をたくさん持っていたとしても、コミュニケーションの取り方が強引であったために、かえって強い反対にあってしまうのです（ビジネスマンにもこれで失敗する人がかなり多いのではないでしょうか）。

一般のビジネスシーンであれば、このようなケースを避けるためにも、日頃から「人間関係」に投資をしておくという発想が大切になってくると思います。

つまり、ただ**自分の正論を述べるのではなく、できるだけ多くの人の意見を積極的に取り入れ、譲るところは譲ってしまうということ**も知っておくべきです。

一番大事なポイントや懸案事項を実現させるために、そのほかのことはすべて譲ってしまうくらいの、したたかさもときには必要です。

もう一つ、トップクラスのヘッドハンターが意識していることで注目すべき点は、あまりやり手に見られないようにすることです。

相手に対して、自分が圧倒的に優秀であるという印象を与えてしまうと、相手はその後一切、勝負や議論を避けるようになってしまうからです。このため、ヘッドハンターの中には、自分の力を多少抑えつつ、プレゼンテーションをする者も多くあり、この中に逆に自己アピールが強すぎるヘッドハンターはじつはあまり優秀ではないとも言えるのです。

以前、とある本に書かれていたことですが、本当に実力のあるプロのマージャン打ちは、自分の実力を相手に悟られないよう、ゲームの前半は小さな勝負で負け続けるとのことです。そして相手が油断した頃を見計らって、大きな勝負で一発逆転をすると書かれていました。それも偶然、たまたま大きな手で勝てたような工作ができる人が一流であるといいます。

どこの世界でも、**本当にできる人というものは、腰が低いもの**なのでしょう。

正論、正論、また正論！
おまけに自慢も入って
また正論！
カリスマとも呼ばれて…

それぞれのご意見を伺い
ながら、ご協力させて頂
きたいと思っております。
よろしくお願いいたします。

どちらと仕事してみたいですか？

周囲の人たちのモチベーションの差に配慮する

米国大統領選挙で、当選を果たしたバラク・オバマ氏が、当時の選挙戦の演説で述べた次の言葉は有名です。

「イエス・ウィー・キャン」

つまり、「私たちはできるんだ」という強いメッセージでした。

ここでは「私」ではなく、「私たち」という言い方をしたところがポイントです。大統領が「私たち」といった場合、それは大統領とその取り巻きの幹部という意味でないことは明らかです。国民に傍観者的な意識ではなく、「自分たちが協力しなければならないんだ」という当事者意識を効果的に植えつけることに成功し、多くの人を巻き込んでいったからこそ、オバマ氏は強力な支持を得て、選挙に勝利することができたのでしょう。

多くの人を動かすために必要なのは、この「私たち」という当事者意識を各人にも持ってもらうことなのです。

これは部下だろうが、お客様だろうが、どれだけの権限や役割を持っているかなどは関係ありません。

立場が違っても、すべての人に当事者意識を共有してもらい、味方になってもらえれば実現・達成できることは大きくなっていきます。

ただ一つ注意が必要です。それは各人の**「モチベーションの差に配慮すること」**です。人はそれぞれ、立場の違いや能力、経験によって、モチベーションの持ち方に個人差があります。誰しもモチベーションを上げることが大切なことは言うまでもないのですが、モチベーション自体はそれぞれで異なるものであるため、これは個別に対応する必要があります。

たとえばヘッドハンターや人材コンサルタントは、通常「サポートスタッフ」と呼ばれる人たちと一緒に仕事をしています。

サポートスタッフは主に事務的な仕事をしています。電話を受け、請求書を準備するなど、ヘッドハンターをバックアップする業務です。立場はアルバイト、もしくは派遣スタッフである場合もあります。

実際、サポートスタッフの仕事にスポットライトが当たることは少ないかもしれませんが、その役割はヘッドハンターにとって重要です。

しかしヘッドハンターの一部には「自分たちこそが稼ぎ頭だ」という自我が強すぎて、

その他のスタッフの重要性を忘れがちな人もいます。

中にはサポートスタッフのことを「いくらでも替えがきく人たち」と思い込んで、ぞんざいに扱うような人も目にすることすらあります。

そういう思い上がりが態度にも表れ、サポートスタッフに伝わると、彼らのモチベーションは一気に下がります。モチベーションの低下は、当然仕事の質の低下にも直結します。

そのことによって一番損をするのは、ほかならぬヘッドハンター自身であり、間接的にはヘッドハンターのクライアントにも悪影響が出るものです。

周囲の人たちとの協力関係をいい形で築いていくために必要なのは、やはりここでも人を心から動いてもらう交渉術です。

しかし、これを実行するには、常に相手の立場に立ち、相手が受け入れやすいアプローチを心がけねばなりません。

ヘッドハンターという仕事が、サポートスタッフの協力があってこそ成り立つものである以上、**一番重要なことは「私たちはチームで一体となって成果を出している」と感じてもらうこと**だと言えます。

ヘッドハンターが「自分の力」のみを強調すればするほど、あるべき状況からは遠ざかっていくだけでしょう。前述したオバマ氏の言葉を見習い、「成果は私たち全員の協力の賜物である」という気持ちをしっかり伝えることが重要でしょう。

もう一つの例をご紹介します。

コンサルティング会社には、「アソシエイト」と呼ばれる、いわば「見習い」のコンサルタントがいます。将来的には、キャリアを積んで一人前のコンサルタントになることを目指し、日々仕事をしている人たちです。

アソシエイトにとって、モチベーションが高まるのは成長できる仕事ができることです。そのためであれば厳しい叱り方をされても、彼らはそれなりに納得します。もちろん、「よくできたじゃないか」と褒めることも大切です。本人たちにとって成長を実感できれば、彼らは「目標に近づいている」とモチベーションを高めてくれます。

「この上司のおかげで成長できた」、「この人の下にいて勉強になった」という信頼感を与えることができれば、本人たちのパフォーマンスも高まり、会社にも貢献してくれるようになります。

人の心を動かしたいのならば、異なる立場にはそれぞれ違ったモチベーションがあることを認識し、それらに合わせたコミュニケーションを意識するのが賢いやり方でしょう。

Chapter 05

「あの人と仕事したい！」と思われるには

ヘッドハンターとサポートスタッフの一例を紹介しましたが、仕事を一緒に行う相手というのは、同じ目的に向かっていても「モチベーションを感じるポイント」が微妙に異なっているものです。

「会社の同僚」と一言でいっても、相手が絶対に必要な協力者である場合もあれば、他部署にいるライバルという場合もあります。それ以外にも、情報提供者であることもあれば、一緒に戦う同志という場合もあるでしょう。

「あの人と仕事をしてみたい」と言われるためには、それぞれが何を重視して仕事をしているかを把握し、**個別に一人ひとりを味方にしていくといった知恵も必要**になります。

こうした個々の人間関係を上手に調整しながら「その気」になる人を徐々にでも増やしていくことで、あなたはいつの間にか自然に、周囲から「支えられる人」になっていきます。

これは強力なカリスマ性で頂点に立つということではありません。むしろその逆で、周囲の人からの安心感や信頼性を勝ち取った結果、「あの人がいないと困る」「仕事をするならあの人とやりたい」と**相手の感情が動くようになったことが原因**なのです。

先に触れた坂本龍馬ではありませんが、仕事において成功する人とは、目立って自分をアピールしている人より、むしろこのように**周りの人を「その気」にさせながら巻き込んでいくタイプである**と私は思っています。

つまり、圧倒的に強力な、個人としての魅力をつくることは本来不要であり、カリスマ型リーダーのように大きな理想を掲げることも、さほど重要ではないのです。

むしろ**周囲の人たち一人ひとりを喜ばせるような小さなことを、コツコツと続けていくことのほうが効果がある**のです。

相手の役に立つこと、喜ぶであろうことを進んでしてあげることは効果的です。

誰かが困っているときに、「手伝います」と言うことは、一見「点数稼ぎ」とのやっかみを受けることもあるかもしれませんが、このようなアクションは、本当に困っている当人から見れば大いに助かるものです。

「助けてあげたのだから、自分が困っているときには助けてください」というように、あからさまに見返りを求めるのは相手の弱みにつけ込んでいるような印象を与えるため、逆効果です。

あくまで無償のサポートを意識していくことで、結局は「あの人は頼りになる」という評判を得ることにつながるのです。

もう一つ大切なことは、**「小さなことでも相手を巻き込んでおくこと」**です。

たとえば、あなたが上司に企画書を出すとしましょう。

自分で考えたものを上司に提出すればいいのですが、あえてその前に、先輩に「この企画、どう思いますか」と相談してみるのです。相談しても、企画内容のブラッシュアップまでにはならないかもしれませんが、先輩としては「この後輩は仕事に関して自分に意見を求めてくれる」という意識が生じますので、その後も何かあれば支えになってくれることも十分に期待できるのです。

ヘッドハンターの仕事においても、最初から経営者にプランを出さず、あえて事業部長に先に提出して意見を求めることがあります。そうすることで、**「自分も参加している」という当事者意識を相手に持ってもらえる**わけです。

この結果、仕事にかかわる人間の輪はさらに大きくなっていきます。

そして、これで仕事がうまくいったとしたら、**成功を喜ぶ人の輪も大きくなります。**そうなれば自然と、自分を信頼してくれる人や、味方になってくれる人の数も増えていくことになり、新しい次の仕事がさらに生まれやすくもなるのです。

Chapter 06

一つ上をいく
相手の心を動かす方法

Chapter 06

相手の本質的な要望が見つけられるとなにが起きる？

ある賃貸物件の仲介をする不動産会社の営業マンから聞いた話をここでご紹介しましょう。お客さんに借りたい物件についての要望を聞いたところ、新築で駅から徒歩十分以内の２ＬＤＫ、予算は月一三万円までとのこと。希望に沿って物件を紹介したのですが、いつまでたっても相手が決めてくれない状態が続いたといいます。

営業マンは、お客さんの要望を詳しくヒアリングして、そのとおりの物件を紹介しているので、「なんで決めてくれないのだろう」とヤキモキしていたそうです。

一方でお客さんのほうも、条件に合った物件であることはわかっているのに、なぜか「ここに住みたい」という気持ちがわかない。困ったことに、本人もなぜ決められないのか、その理由がはっきりとわからなかったそうです。

このような状態が続くことは、お互いにとって、とても不幸です。

このケースでは、じつはお客さん自身の希望の出し方に問題がありますし、営業マンの質問の仕方もよくなかったのでしょう。「２ＬＤＫで駅から徒歩十分以内で……」というのは、確かに典型的な条件項目ですが、これではその人がどんな生活を望んでいるのか、近い将来、何を必要としているのかが見えてきません。つまり、成約に至らない原因は、お客がどのような生活を望んでいるのか、その本質的な希望に合致する提案することができていないためだったのです。

そこで営業マンはあらためて、お客さまと話し合いを持ったといいます。今度は、「なぜ引っ越すのか」「以前はどんな住まいだったか」「以前は何に満足し、何に不満だったか」「家族の生活パターンや、今後の予定」など、相手の生活をイメージできるような質問をたくさんしたそうです。

その結果、次のような物件に決まったといいます。

駅から徒歩十五分、築十年の２ＬＤＫで家賃が一二万円。

最初にお客さんが提示した条件とはところどころで一致していませんが、この物件に決まった要因は「ロフトつき」の寝室の存在でした。

お客さんの頭の中には、予算の問題もあり、たとえ築浅物件でも狭いマンションに住まなければいけないということに抵抗を感じていました。

家族は夫婦と子供一人であるため、間取りは２ＬＤＫでよいとしても、夫婦の寝室が狭いことが一番の不満ということがわかってきたのでした。結局、予算の中で見る物件の多くは、どれも同じような間取りのものばかりであり、ゆとりのある生活のイメージを持つことができなかったのです。そこに営業マンが提案してみたのが、寝室にロフトがついているユニークな物件だったわけです。

人を心から動かすために重要なのは、**相手が本当に望んでいることを見つけ出す努力**です。ビジネスで相手に妥協を求めても、人はそう簡単には折れてくれません。

一方、本質的な要望に応えられれば、そのほかの条件には、意外と目をつぶってくれる場合も多いものです。

Chapter 06

再チャレンジという結果になったとしても……

どんな仕事にも時間の制約があります。先の不動産営業マンのケースでも、いつまでたってもいい物件が紹介されなければ、お客さんはほかの不動産業者を利用するでしょう。不動産会社はいくつもあるし、お客さんが一社に固執しなければならない理由はありません。

営業マンは、もっと相手との距離を縮めるように努力することが必要になります。それを可能にするのは「この人は本当に自分のために頑張ってくれている」という実感を相手に持ってもらうことです。

最終的にどんな言葉よりも相手の心を動かすのは、本人の汗です。このケースで言えば、まずは物件紹介のアプローチを止めないことであり、かつ紹介内容の精度を少しずつ上げていくことが、最も効果がある方法でしょう。

コンサルタントの仕事でも同じような場面は何度も出てきます。

たとえばクライアント企業の担当者と二人で、最終的なツメの打ち合わせをしているとき、「そのプランでは、うちの社長を説得するにはまだ不十分」と言われ、話が行き詰まることがよくあります。

それでも何度も繰り返し改善案を提示し、ときには真夜中まで根を詰めて考えることがあるのです。すると、先方の担当者も「何とか結論を出したいですね」というように、一歩踏み込んで近づいてきてくれることがあります。

それは苦労を共有し、一緒に汗をかいて問題解決を目指していることから生まれる**信頼関係**です。

最終的には時間が足りず、妥協案に落ち着いてしまい、本当に実現したかったプランどおりにはならないこともあります。

それでも「お互いに一生懸命やった」ことによる信頼関係はできたため、「今回は時間にも制約があり、このような形に落ち着きましたが、うまくいけば来年度に新事業を立ち上げる可能性もあります。そのときにまたお願いできますか」などと言ってもらえる可能性はあります。つまり、努力した分だけ、**再チャレンジの機会が与えられる可能性が高まるのです。**

「仕事は結果がすべて」とはいいますが、実際には仕事をするプロセスの中で人間関係が醸成されていきますし、そんな場合には二度目のチャンスも訪れるものです。だからこそ、すぐに相手が動かなくても簡単にはあきらめず、粘り強く次につなげるという意識を持つのも非常に大切なことです。

どうすれば「最初の一歩」を踏み出してくれるのか

相手を動かす上で、最も大きなハードルは、何といっても「最初の一歩」を踏んでもらうことです。

たとえば健康を気遣って、ある家庭で奥さんがご主人に、スポーツジム通いをしてもらいたいと思っているとしましょう。

「少しは運動をしないとメタボで大変なことになってしまうわよ」

「運動は気持ちいいわよ」

こんな言葉を投げかけても、相手の習慣を変えるのにはものすごく時間がかかることでしょう。

実際、ご主人に第一歩を踏み出させるためには、根気強く言い続けるのが効果的です。

というのも、**人の価値基準や判断基準は、ちょっとしたきっかけで変わることがあるから**です。

「会社で『最近、太りましたね』と言われた」
「たまたまニュースでメタボの怖さを見た」

人はとても単純なことがきっかけで、それまで言われ続けていた言葉を思い出すことがあるのです。

「そういえば妻もずっと心配してくれているし、そろそろ何かやってみようかな」と、心理的な変化が訪れて、それが背中を押すことが結構あるのです。

重要なのはこうした心理的な変化があったときに、どう背中を押してあげるかです。

「それなら私が予約をとっておくから、まずは三十分のメニューに挑戦してみたら。今週の土曜日は空いてる？」と間髪を容《い》れず手順を示してあげるとよいでしょう。

さらにご主人が運動を続けられるようになったら、「もう二キロも体重が落ちたの？すごいわねえ！」と褒めてあげることも効果があります。

こうして本人が「運動するのも、いいもんだな」と感じるようになったら、あとは何もしなくても自発的にジムに通うようになります。

単純なエピソードのようですが、**多くの場合、何事も軌道に乗せるまでが大変**なのです。

多くの**挫折や頓挫は、初期の単純なステージを乗り越えられないことに起因する**と言われています。

会社の仕事でも同じです。ある仕事に関して「自分にぜひ、やらせてください」と意欲を示しても、まかせてもらえるようになるまでには時間がかかるかもしれません。

とくに経験や実績のないことにチャレンジしようとする場合、会社の業績や職場環境の状況しだいでは、なかなかチャンスがめぐってこないということもあるでしょう。

ここで大切なことは、チャンスがめぐってこなくても、自分の希望を上司にわかってもらえるように、常に情報発信を怠らないことです。いざというときのために準備を怠らないタイプの部下に対しては、上司の信頼も厚くなるものです。

このように上司を動かすためには、長い時間をかけて、自分の希望が変わっていないことをアピールし続ける持久力が必要です。

Chapter 06

「待つ」ことはじつはとても大切

実際に仕事の現場では、相手が動いてくれるまでに、かなりの時間がかかる場合もあります。

たとえば営業部で二年間活躍した営業マンが、不本意な異動で経理部に移ったとしましょう。こんなとき、モチベーションが下がっているこの社員に何を言っても、なかなか本人は気持ちを切り替えることができないものです。

このような場合は、半年くらい時間をかけて、本人のやる気に働きかけるくらいの心づもりが必要です。

「経理の仕事には慣れたか？　いずれは営業に戻ってほしいが、君には将来、会社の経営を支える人材になってもらいたい。だからいましばらくは、会計や財務のことをしっかり学んでほしい」、こんな一言が必要です。

言われた本人は、簡単には納得しないものの、時間とともに現実を受け入れるようになり、そのときになって、以前伝えておいた内容が効果をもたらすことがあります。

人をスカウトする仕事でも、対象者と一年越し、あるいは二年越しでおつきあいするケースがあります。

とくに長く一つの会社で働いてきた人の場合、いままで経験したことのない新しい選択肢を選ぶことにはかなりの勇気がいるものです。

いうまでもなく、強引に説得しようとすれば、感情のもつれを生みかねません。「この話はもうなかったことにしましょう」と関係を切られてしまうこともあり得ることなのです。

しかし、**相手の「気持ち」というものは時間とともに変わる**ことがあり、**タイミングを待ったほうがよい結果を生む**場合はかなりあります。

ただし待っている間も、相手の役に立てるよう有益な情報を伝えたり、ときには外部の人脈を紹介したりして、こちらの誠意を伝え続けることが大切です。押しつけにならないよう十分に配慮しながら、ふだんから人脈づくりとそのメンテナンスを行っていくべきです。

相手がいよいよ本気になったときには確実に声がかかるよう、**自分の存在を印象づけることが大切**です。**持久力が勝負の分かれ目**になります。

客観的に見て明らかに、相手が転職をしたほうがいいと言えるケースもあります。ただし、本人が「その気」にならない限り、他人から見たら理想的な転職だとしてもいい結果は出ないものです。

ここでは、「待てば必ず相手は動く」とは限らず、「もしかしたら、うまくいくかもしれない」というくらいの気持ちで種まきをしていたほうが、相手の負担にもならず、いざというときには声をかけてもらいやすくなるものです。

たとえば古い体質の会社で働くビジネスマンが何か新しいことを始めたいというケースがあったとします。こんな場合でも、「待つ」ことが力を発揮することも多々あります。

実際、旧来の体質の環境を築いてきた人たちには、それによって成功を得たという自負があります。過去においてそれでうまくやってきたのなら、誰だって新しいことに踏み出せなくなっても不思議ではありません。

しかし、古い体質のままでは、変化していく社会にうまく適応できなくなる時期が必ず訪れます。そのときに「新しい案を提案し続けた者」に一気にスポットライトが当てられる可能性はかなり高いはずです。だとしたら、「なかなか会社が新しいことに踏み出さない」という現実は、むしろチャンスと考えられるかもしれません。

いずれにしろ**「根気よくやり続けた人間が有利になる」**という一面は、ビジネス社会には確実に存在します。すなわち**「待つ」ということは立派な能力の一部であると**言えるのです。

Chapter 06

充電するという行為はなぜ大切なのか？

さて、あなたは自分自身の知識や見識、そして経験に対して、どのくらいの自信を持っていますか？

たとえば一つの仕事を続けていて何年かたてば、その分野にかなり精通し、日常業務においてわからないことはどんどんなくなってくるものです。

仕事にも慣れ、「やる気」も充実していくことでしょう。

たいていは三十代にこのステージを迎える人が多いようです。

しかし、これはまだ「仕事上で自分なりの一つのやり方が開花した」にすぎないのかもしれません。

それにもかかわらず、忙しさのあまり「新しく充電すること」を忘れ、知っていることやできることのアウトプットだけをし続けると、しだいに持っているものやモチベーションが枯渇していきます。

やがてはネタも尽き、仕事相手からも飽きられてしまい、自分自身の成績も落ちていくことでしょう。コンサルタント業は、このような状態に陥る人がとくに多い業界と言えるでしょう。

こんな衰退パターンを避けるには、やはり定期的な充電が必要です。

そのためには、**どんなに忙しくてもできるだけスケジュール帳には空白をつくること。**

または、定期的に長期の休暇をとることです。これは、エネルギーをチャージするだけでなく、業務上の十分なインプットの時間を確保するためです。


たとえば海外旅行などを例にとっても、日本人はびっしりスケジュールを埋めて、とにかく急いでいろいろなところを回ろうとしがちです。

しかしそういった目まぐるしい日程で行動した結果、疲れ果てている割には、何一つ見た場所の印象が頭に残っていないということもよくあることではないでしょうか。

一カ所をもう少しゆっくりと見て、その後で落ち着いてコーヒーを飲みながら振り返る時間をつくったほうが、もっと思い出に残る旅行になるでしょう。

ゆとりあるコーヒータイムが、新しいインプットのための時間にもなっているのです。

これは仕事でもまったく同じことが言えると思います。

時間に追われる人は、どうしても**「一日に大量の作業をやらないと気が済まない」習性があり、結果的にはワンパターンで生産性の低い仕事をやり続けてしまっている**場合が多いものです。

これでは仕事のクオリティは高まらず、別の視点からの考え方を学べません。

たとえば一〇個の仕事を五個に削るには、かなり勇気が要ります。ただし、その結果、削った仕事五個分の時間を新しいインプットの時間にあてることが可能になります。新たなインプットの結果、効率よく同じ時間内に二〇個の仕事をこなせるようになれば、このインプットの時間には大きな意味があったことになります。

時間に追われているだけでは、人間は進化どころか、かえって退化してしまうことが多いので、そう感じている人は注意が必要です。

Chapter 06

人を心から動かしたかったら、まずは自分から

モチベーションの低い人が、他の人を心から動かすことはできるでしょうか。答えは「NO」です。

逆に、モチベーションの高い人の話には周りの人も情熱を感じます。その結果、相手に興味を感じ、次第に心が動くようにもなります。逆に言ってしまえば、投げやりな態度や無責任な発言や行動をとる人が、人を動かすことはないということです。

モノを売る人自身が、その商品のヘビーユーザーであり、さらに誰よりも上手にその商品の特性を生かしながら使用しているとしたら、誰もがその人からその商品を買いたくなるものです。

このように、**人を動かすことができる人は、自分自身をも「その気」にさせる達人であり**、相手の模範となるからこそ、他人を「その気」にさせることができるのです。

以前、ある映画監督のインタビューを聞いていたら、「自分の映画はほとんど売れてい

ないのに、つくりたいという情熱を持っていたら、スポンサー的な人が現れたり、黒澤監督のような著名な映画関係者に評価されたりした。自分は非常に恵まれていたと思う」ということをコメントしていました。

これも、自分が情熱を持っていたことが、人の心を動かしたよい例に違いありません。それゆえ映画が売れようが売れなかろうが、次の仕事に向けて多くの人が協力の手を惜しまなかったのでしょう。

もう一つ、人を「その気」にさせるために**大切なことは、「自分が得をしたい」という気持ちよりも「相手に得をさせてあげたい」という気持ちを持つこと**です。

「人の役に立ちたい」という気持ちは、本来誰の心にもあります。

しかし「目の前の仕事で利益を上げる」という欲や功名心ばかりに縛られていると、相手や周囲の人のことがどうしても目に入らなくなるものです。

その結果、「その気」になってもいない相手を強引に自分のやり方に従わせようとするため、人間関係に摩擦が生じます。将来的にはそんな態度は、長期にわたり利益を失うことにつながってしまうでしょう。

たとえばですが、もし、どうしても自分が相手を動かせない場合など、誰かそれができる人に代わってもらうのも一つの方法です。

それは一見すると自分の利益につながらないし、責任や役割すら放棄したように見えるかもしれません。

それでも「〇〇さんを紹介していただき助かりました」と言ってもらえるのであれば、**間接的に人を動かすことができたと言える**のです。

人を心から動かすことは難しい挑戦ですが、まずは自分自身が常に情熱を持って動き続けることが、相手の気持ちを動かします。

ぜひ試してみてください。

小松俊明（こまつ・としあき）

67年東京都生まれ。慶應義塾大学法学部を卒業後、住友商事に入社。20代後半、アジアに渡り出版社を起業し、求人情報誌を創刊。帰国後、米系ヘッドハンティング会社にて外資系管理職の転職支援に従事。現在は外資系管理職の転職を支援するリクルーターズ株式会社の代表取締役を務める。人材紹介業界の業界支援、人材コンサルタント向けの私塾「松塾」の運営、そのほか中高年の再就職支援、新入社員や就活生向けの講演、研修など、精力的にこなしている。著書に『できる上司は定時に帰る』（あさ出版）、『役に立つMBA役にたたないMBA』（阪急コミュニケーションズ）、『転職の青本』（ゴマブックス）、『人材紹介の仕事がよくわかる本』（日本実業出版社）などがある。
【公式サイト】http://www.tkomatsu.com
【リクルーターズ株式会社】http://www.recruiters.co.jp
【Twitterアカウント名】komatsutoshiaki

顧客リピート率95%
トップクラスのヘッドハンターが使う
心動かす交渉術

Nanaブックス
0087

2010年4月6日　初版第1刷発行

著　者――小松俊明
発行者――福西七重
発行所――株式会社ナナ・コーポレート・コミュニケーション
〒160-0022
東京都新宿区1-26-6 新宿加藤ビルディング5F
TEL　03-5312-7473
FAX　03-5312-7476
URL　http://www.nana-cc.com
※Nanaブックスは（株）ナナ・コーポレート・コミュニケーションの出版ブランドです

印刷・製本―日経印刷株式会社（新舘恵子）
用紙――株式会社邦友（荒井聰）

編集人――吉積倫乃
営　業――豊田健一、古屋薫、花木東子
販　売――中嶋みゆき、張月華

ISBN 978-4-901491-97-6 C0036